培養品牌驅動型企業家

實現品牌夢現為國爭光

辛丑秋月 戚佳民書

品牌变现

使用超级路演技术
赚取人心红利

BRAND
MONETIZATION

Use Super Roadshow Technology to Get Popular Bonuses

付守永◎著

中华工商联合出版社

图书在版编目（CIP）数据

品牌变现：使用超级路演技术赚取人心红利 / 付守永著. -- 北京：中华工商联合出版社，2022.1
ISBN 978-7-5158-3184-8

Ⅰ．①品… Ⅱ．①付… Ⅲ．①企业经营管理 Ⅳ．①F272.3

中国版本图书馆CIP数据核字 (2021) 第210540号

品牌变现：使用超级路演技术赚取人心红利

作　　者：	付守永
出 品 人：	李　梁
责任编辑：	于建廷　王　欢
装帧设计：	水玉银文化
责任审读：	傅德华
责任印制：	迈致红
出版发行：	中华工商联合出版社有限责任公司
印　　刷：	北京毅峰迅捷印刷有限公司
版　　次：	2022年2月第1版
印　　次：	2022年2月第1次印刷
开　　本：	710mm×1000 mm　1/16
字　　数：	230千字
印　　张：	16.25
书　　号：	ISBN 978-7-5158-3184-8
定　　价：	68.00元

服务热线：010-58301130-0（前台）
销售热线：010-58301132（发行部）
　　　　　010-58302977（网店部）
　　　　　010-58302837（馆配部、新媒体部）
　　　　　010-58302813（团购部）
地址邮编：北京市西城区西环广场A座
　　　　　19-20层，100044
http://www.chgslcbs.cn
投稿热线：010-58302907（总编室）
投稿邮箱：1621239583@qq.com

工商联版图书
版权所有　盗版必究

凡本社图书出现印装质量问题，
请与印务部联系。

联系电话：010-58302915

老乡鸡董事长　束从轩

品牌变现是企业稳定经营的关键所在。好的产品大概率可以给企业带来好的品牌形象，但好的品牌不一定能找到好的变现之路。以前是酒香不怕巷子深，现在是巷子太深，好酒太多。再或者就是一味追求变现之路而丢失了品牌形象。而付老师《品牌变现》一书中独家原创的"北斗七星"模型就对品牌变现做出了完整的解释和梳理。不仅有七大商业逻辑的解释，还有案例、有方法、有工具。可以让企业家更加通俗易懂地了解其中的内容和后续要做的事情。很多在品牌变现上迷茫的中小企业可以在此书中找到一条适合自身品牌发展的变现之路。

我在初步阅读的时候就对第四章变现路径——选对超级核心方向的五个变现维度备感兴趣。仔细阅读后，我明白企业的变现之路原来可以多元化和核心化，也让我开始对老乡鸡的品牌变现有了更多更深的思考。全书最大的特色当属超级路演。其中归纳总结的超级路演九步操作法，可以让大家快速掌握超级路演的核心诀窍。可以说"北斗七星"的任意一星都是品牌变现的关键所在。这一套组合拳可以很好地帮助企业找到品牌变现不足的要害，从而做到对症下药。

老乡鸡从10年前开始决定做品牌，我们企业有自己的特殊基因--会养鸡，更会煲鸡汤，我们正在将老乡鸡打造成为一个响当当的国货品牌。我们希望，未来老乡鸡能够成为中国人的家庭厨房，争取成为老百姓人见人爱的国民中式快餐品牌。与付老师2017年开始合作，付老师的工匠精神、超级路演对老乡鸡的品牌发展起到巨大推动作用，今天看到付老师《品牌变现》一书出版，我向大家推荐这本书。

小罐茶市场中心总经理　梅江

40多年的改革开放，中国经济实现了翻天覆地的变化，中国的企业和品牌，也经历了从无到有，从弱到强，从注重价格到注重价值的蜕变。品牌是企业最有价值资产的这一观念，已经成为绝大多数企业家的共识。但品牌的打造并不是一件简单的事情。打造品牌，是科学，也是一种艺术，更是一门需要持续不断操练的手艺。付老师《品牌变现》一书中原创的"北斗七星"模型对品牌的打造和变现做出了完整的解释和梳理，有方法，有工具，具有极强的实操性。致力于帮助品牌升级的企业家通俗易懂地掌握品牌打造和变现的方法。

中国是茶叶的故乡，茶文化深深地融入中国人的血液中。然而在当下，中国虽是茶叶生产大国，却称不上是茶叶强国，不仅在国际上没有真正具备影响力的品牌，在国内也是"小、弱、散、乱"。小罐茶自诞生之初，就致力于中国茶的当代化表达，希望通过科学的思维，将中国茶从农产品升级为现代消费品，从品类的无序竞争升级为品牌的争奇斗艳，让更多人简单方便地喝到好茶，让中国茶从咖啡的怀抱中，赢回更多消费者。与付老师相识于2016年，感谢付老师在小罐茶成长过程中，积极建言献策，助力小罐茶品牌成长。《品牌变现》是付老师的新书，有幸先睹为快，此书具有极强的可读性，丰富的案例解析，新理念、新方法论、新工具为品牌实现变现提供可操作性，我向大家推荐此书。

品牌信用管理专家，中国行为法学会新闻舆论监督专业委员会－舆情管理信息安全风控研究中心副主任　缪坤

付老师及团队常年聚焦品牌变现，在国内同行中实属珍稀。《品牌变现》一书颠覆性地提出了"品牌是企业实现变现的核心资产，打造品牌的核心是最终实现变现"这个新观点，并对品牌变现进行了非常翔实的系统梳理，具有原创性又是开创者。数据表明，国内99%的企业销售卡在了品牌变现上。付老师在实践中研发的超级路演技术，很好地解决了品牌变现的最后一公里。

超级路演，不仅是付老师的研究成果，更是属于企业的营销利器。通过超级路演，企业可实现"产品，品宣，获客，留存，转化，变现"六大环节一并疏通，最终收获真金白银。付老师领衔的超级路演，对国产品牌的销售变现赋予的市场价值，还体现在实施的主体是企业本身，从第一次超级路演起，变现终生收益。路演是品牌变现的最后一击。

第62届环球小姐中国区冠军、IFSM国际时尚超模大赛亚太区主席　靳烨

品牌力是未来个人和企业长久发展的生命力，付守永先生从品牌变现的视角，用翔实的案例，深入浅出地把品牌变现这件事讲得足够简单、实用。付守永先生结合自身实战，总结出一套品牌变现的原创方法论，这样的独家秘籍，无论是个人，还是企业，都值得好好学习。

贵港华隆超市总经理　刘端

今天的竞争很激烈，明天更残酷，后天的朝阳无与伦得美妙，企业要行稳致远，基业长青，就必须解决生存、管理和发展等问题。贵港华隆超市走过21年，成为区域零售行业持续的领跑者。华隆超市秉承"崇文重教、创造价值"的文化理念，以打造"市民最喜爱的百年零售业品牌"为己任，2018年开始与付老师合作以来，无论外部环境怎么变化，华隆超市的员工人数、拓展门店、税利、销售、员工收入、股东价值等方面每一年都取得了稳步增长。在华隆人心中，与许多商界朋友一样认为，付守永老师点亮自己，成就他人，师道匠魂，名副其实，众望所归！

付老师匠心打造的新作《品牌变现》，正当其时。此书涵盖品牌变现真因与原理，本质与规律，逻辑路径和方法工具，明晰品牌变现持续改善的"密码"以及获取"密码"的路径，既有哲学高度，又详述实操，非行家里手莫能著之，确实是企业"活下去，活得好，活久见"的"干货"！付老师更是中国少见的集"咨询水平+授课水平+写作水平"三者合一的高水平实战级专家。

国家"万人计划"科技创新领军人才，中科院深圳先进技术研究院研究员　薛冬峰

《品牌变现》一书从底层逻辑着手，研究事物的本质，缜密全面地论述了企业运营的奥妙，不亚于科研工作的精细和深究。全书每个环节都有具体的案例可以学习，给企业家简单有用的工具，并获得成果。本书能给广大读者初步建立品牌意识，并能学习到完整方法。开卷有益！

中国制造业效率提升推动者，无锡庆源激光总经理　曾军河

四年前，第一次听完付老师"路演大师"的课程，我当即决定聘请付老师为庆源激光品牌路演战略顾问，一直到现在连续四年从未间断。四年的时间里，我们一起让庆源激光在激光切割领域成为细分品类的头部品牌，实现了高速发展。

读付老师《品牌变现》一书，我最大的感受是从品牌切入谈变现的重要性，老师总结出"品牌变现'北斗七星'模型"，新颖、独特、实用性强，我相信会给快速成长中的企业带来意想不到的收获和价值。我真诚、真心地向大家推荐我的良师益友付守永老师的新书《品牌变现》。

被媒体誉为"投资少将"，联合企业集团总裁、投资人　朱峰

付老师《品牌变现》一书是在中国经济发展进入新时代背景下成长型企业经营之道、发展之道的"九阳真经"，是企业对接资本，实现资本运作的落地执行之根。读一本好书改变人生，做一个好产品赢得口碑，经营一个好品牌影响世界。《品牌变现》是一本值得新时代企业家用心读的，实操性非常强的好书。

《普洱》杂志社社长　罗洪波

新冠疫情带来的不确定性、不稳定性，让很多企业遭遇前所未有的挑战，或新生或死亡，必须重新定位，选择新活法。企业无论大小，打造品牌刻不容缓。品牌强国战略已经出发，企业要跟上时代趋势、发展趋势和消费变革趋势，走品牌之路。中国茶行业更需要品牌化，更需要代表中国茶文化的品牌走向世界。

付老师的《品牌变现》恰逢其时。读完书稿，我情不自禁地向读者推荐此书。打造品牌的最终目的是实现变现，品牌变现"北斗七星"模型，新一代超级品牌创建全景图，产品的9种卖法，通过路演技术传播品牌价值，实现低成本快速变现等内容，干货满满，特别接地气，应用性极强。《品牌变现》一书的出版是中国企业的一件幸事，一定会对企业的发展产生深远影响。

中财经基金总裁　崔家华

企业家是企业价值的灵魂，离不开工匠精神的引领，也离不开外部力量的赋能支持。本书给企业家朋友建立完整的经营观，对于我们来说，就是企业赋能，既是投前工作，也是投后工作。随着资本市场的不断完善和开放，特别是近期北交所的成立，给广大中小微企业打开了资本市场的大门，是机会也是挑战。这就要求我们更迅速，更专业，才能脱颖而出。《品牌变现》有力支持了企业的业绩增长，给上市带来了更大的把握。

新宏昌重工集团总裁　蒋晓东

新宏昌重工集团在2017年与付老师牵手合作，付老师的工匠精神、路演营销到现在的品牌变现，都在深刻地影响着新宏昌的发展。2020年疫情期间，新宏昌40多位营销人员跟着付老师在线上学习。在付老师的指导下，我们在扬州工厂进行了第一次直播，效果非常好。

付老师能够从事物的本质出发，找到解决问题的真因，给出的解决方案总是非常接地气，简单实用，有效果。今天的新宏昌正在迈向行业头部百亿级品牌，感谢付老师给予我们的智力资本。《品牌变现》是付老师的一个新高度，期待该书能够造福更多的企业。

汇智谷智业董事长　李家网

增长是企业经营永恒的话题，无数企业与企业家都在探寻企业持续增长的密码，这个密码就蕴藏在"品牌变现"之中。创造过多个商业传奇的付守永老师让我明白了经营企业并不复杂，"得人心者得天下"是永不过时的商道！

《品牌变现》一书的面世对仍在品牌建设之路上摸着石头过河的企业家而言，无疑是一大喜讯。作为专注服务家居行业16年的老家居人，我很荣幸有机会向我的家居同仁推荐这本书，"入心营销""超级路演"必将是每一位优秀家居企业家的必备基本功！

珠海华恩基金管理有限公司合伙人　刘晶

付守永先生在市场一线研究品牌，十年沉淀，砺得七星。《品牌变现》一书拥有系统性思考的智慧，书中既有付老师亲自咨询服务过的案例，有些案例已经成长为行业的头部品牌，获得资本市场的青睐，甚至已经成为百亿级企业，也有从海内外选取的案例，生动形象、可读性强。本书不仅有概念、案例，更重要的是其中的方法论"品牌变现'北斗七星'模型"，使本书具有很强的实用性，可以成为创业者品牌建设的工具书。希望读者喜欢这本书并建立属于自己的品牌。

永新国际集团（香港）有限公司董事　王龙

付守永先生是我的好朋友，他自身数年来在工作中的见闻，以及为多家知名企业提供咨询教育服务，写下了这难能可贵的《品牌变现》。这些心得是从作者的实践中来，也必将指导着更多的企业如何创立品牌到成长为一个百亿级品牌的正确路径。全书摒弃了理论性和学术性的枯燥乏味，文笔轻松活泼、尖锐深刻、简单易懂，是一本很有价值的企业发展类图书。

付守永先生以飞蛾扑火般的精神，大胆地质疑、挑战传统权威，用朋友聊天式的语言，最富穿透力的犀利文风，为你带来"耳目一新""大彻大悟"之感。付守永先生是中国工匠精神传播第一人，在我看来，《品牌变现》开创了中国第一位从变现视角重新定义品牌价值的作者，付老师是真正的"双料第一"。祝贺新书出版，更希望本书能够帮助更多中国企业走向品牌之路，实现品牌强国，为国争光，这也是我们新一代企业家的使命担当！

忠实的粉丝学员 王志伟（现供职于山东星宇手套有限公司）

付老师您好，我曾先后服务于伊利、金锣、凤祥、星宇市场营销工作20年。期间参加过近200场品牌营销专题培训，付老师的课程是我听过品牌营销课程脉络最清晰，路径最直接，认知最深切，动作最简单，方法最实用的课程。早一天听，早一天醒悟；早一天用，早一天见效。

持续壮大，
持续变现

在大浪淘沙的"快时代"背景下，那些依然挺立的全球知名企业、隐形冠军企业、小巨人企业，他们究竟靠什么保持优势、延续优势、传承优势的？答案就在《品牌变现》这本书里。

我经常和企业家交流这样一段话：凡事找对真因，一家企业只有找对问题背后的真正原因，才能制定精准解决问题的方案；看清本质，一个人对待事物要有哲学级的洞察，看清事物背后的本质，才能把复杂问题简单化，才能真正建立自身优势与护城河；最后要回归科学与常识，这样你就不容易被烦琐、复杂的世界蒙蔽双眼。《品牌变现》就是要成为这样的一本书，一套真正适合本土企业在品牌变现领域新一代咨询解决方案的提供者。这本书没有空洞的理论，延续本人"接地气、实用、有效"的产品品格，就像我的《工匠精神》一书一样成为一本经典之作。

2021年2月25日，在佛山举行项目打磨企业辅导会的现场，我提出各位老板一定要问自己一个问题：你的企业每个阶段、每年的胜利是战术上的胜利还是战略上的胜利，抑或两者兼具？由此引发了大家深刻的反思与强烈的反响。一家企业如果只有战术上的胜利，是不可持续的，甚至是昙花一现。

从某种程度上讲，守业比创业难，想实现永续经营更难。我喜欢"持续"

这个词，2009年我写的第一本书就是《持续赢利》。持续就是生生不息，一以贯之。**无数企业与企业家都在探寻企业永续经营的密码，这个密码可能就蕴藏在"品牌变现"之中。**

疫情过后，各大产业正在重新洗牌。可以预见的是，有品牌的企业干过没有品牌的企业，有品质的企业干过没有品质的企业，服务好的企业干过没服务的企业，有现金流的企业熬过没有现金流的企业，有变现能力的企业干过没有变现能力的企业，有资本助力的企业可能会脱颖而出。

许许多多的企业会觉得生意越来越难做。今天的中国，缺的不是产品，不是工厂，也不是产业链，而是品牌。未来30年，中国将迎来品牌盛世。

那么，成长中的中小企业如何低成本快速地创建品牌，实现从产品到品牌的进化，通过品牌增强企业的盈利能力，就成为摆在老板面前的一道难题。现在市面上关于品牌、品牌营销的书籍和培训课程，很多来自国外，因而能否结合本土中小企业现状，提出一套简单易操作的品牌创建原理和方法，是企业的迫切需求。

针对企业的这些困惑，我带着深深的责任感和使命感，近10年来，一边奔走市场一线，为上百家企业提供咨询服务，为企业家总裁班授课，一边自筹经费，与我们的团队进行实证研究，我们刻苦精研，不断对每一个服务过的案例和世界优秀企业案例进行复盘，以哲学级洞察，求原理级解决方案的态度，**独创"品牌变现'北斗七星'模型"**，见下图：

品牌变现"北斗七星"模型

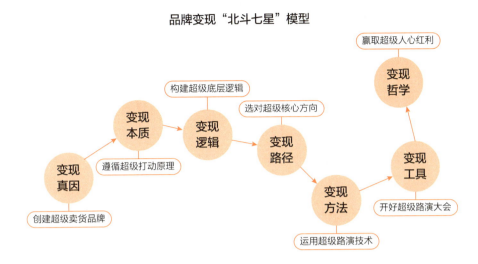

这套模型的核心思想是：让品牌持续壮大，用超级路演技术实现持续变现。可以说，这套模型是集中国化、先锋性、可操作性强等特点于一身的先进模型，它攻克了中小企业如何低成本快速创建品牌的世界级难题。今天我们把这套"品牌变现'北斗七星'模型"分享给中国的企业家（也有可能是全球企业家），希望能够让企业少走弯路，少花冤枉钱，少犯错误，以帮助更多企业从中国产品迈向中国品牌的新高度。

品牌包含三个方面的价值：一、品牌是企业长期利润的来源；二、品牌使您的产品与众不同；三、品牌是一种高溢价可变现的无形资产。创建品牌的一个目的是卖货，四个目标是卖得多、卖得快、卖得贵、持续卖。基于此，我独创出一套新一代品牌创建方法论，在书中有详细介绍。**品牌是一门"研究人"的学科，创建品牌需要企业从"工厂思维""产品思维""功能思维"转向"研究人的思维""经营人的思维""赢取人心的思维"**。

品牌变现"北斗七星"模型，即**变现真因、变现本质、变现逻辑、变现路径、变现方法、变现工具和变现哲学**。我用商业的逻辑诠释"北斗七星"模型就是：**创建超级卖货品牌、遵循超级打动原理、构建超级底层逻辑、选对超级核心方向、运用超级路演技术、开好超级路演大会、赢取超级人心红利**。本书中都有详细解读，有理念、有方法、有工具，尤其是通过案例解析的方式，让本书更加易读易懂易操作。

流量红利已经见顶，人心红利正在加速到来。本书试图引导中国企业回归"王道"。什么是王道？人心就是王道，"得人心者得天下"是永恒的商道，是永不过时的经典商业思想。经营企业不复杂，是我们人为地搞复杂了。本书最大的亮点是使用超级路演技术赚取人心红利，"入心营销"是我们在咨询中使用的营销技术，我们在本书中介绍了四大入心营销方法，值得企业一读与马上应用。本书最大的特色是超级路演大会，这也是我们实现变现的超级工具，学会超级路演大会，变现就会事半功倍。

市场已经进入理性期，消费者主权时代已经到来，企业家更要看清品牌变现的深层逻辑。例如品牌产品虚实结合的变现之道、工匠精神赋能产品体验、利他就是最好的利己、品牌是身份符号的象征等。在全国上下贯彻落实"品牌强国"的国家战略指引下，希望企业家能够携起手来，继续努力，百尺竿头更进一步。我们没有成功，我们只有成长。中国企业未来的发展，取决于企业家的信念。如果我们更多企业家坚定走品牌化之路，在品牌资产上持续投入，我们将会有更多的企业走向强盛，带领企业员工走向共同富裕。

生生不息，让品牌持续壮大，持续变现，永续经营！

谢谢您购买我的书——《品牌变现》。

我骄傲，我是中国人！

付守永

2021 年 8 月 29 日
写于匠心品社私人会所

I

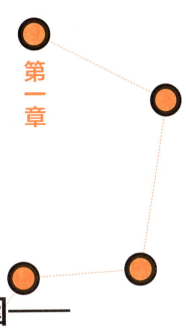

第一章

变现真因——
创建超级卖货品牌

勒布朗·詹姆斯是谁？为什么要以他的故事作为本书的开始？

勒布朗·詹姆斯，美国著名的篮球运动员。1984年12月30日出生于美国俄亥俄州阿克伦，效力于NBA洛杉矶湖人队，绰号"小皇帝"。有一本书《勒布朗·詹姆斯的商业帝国：如何让名气变现为10亿美元的身家》吸引了我，因为我对"名气""变现"这两个词充满了极强的好奇心与探索欲。阅读完此书，我觉得很有必要把这本书的精华和大家复盘一下，这也是我以他的故事作为开始的重要原因。

詹姆斯如何用自身名气变现为10亿美元身家？我从书中总结了四点：

第一，拥有一支强大的幕后操作团队。核心团队由4人组成，团队命名为LRMR，被称为"四骑士"。再厉害的个人也很难比得过强大的团队，正是有幕后团队的强力配合，才让詹姆斯变现有了坚实的执行基础。

第二，个人品牌是詹姆斯商业帝国的核心。詹姆斯具有超前的商业智慧，在他18岁的时候，他就确立了"不仅要成为一名出色的篮球运动员，更要把自己打造成一个超级品牌"的人生战略定位。这个人生战略起到决定性作用，篮球运动员的职业生涯是短暂的，而品牌的生命力是持久的。

第三，名气是实现变现的真因。名气就是品牌的影响力与号召力，詹姆斯做的每一件事都有清晰的目的，就是持续不断地提升自身的名气，而不是简单用赚钱多少去衡量。

第四，规划了5大变现路径。①成为职业篮球运动员，加入职业球队，拥有基础收入，我称之为基础产品变现；②广告代言，放弃锐步9000万美元的代言费，选择耐克给出的8700万美元代言费，用詹姆斯的话说"与耐克的合作是我人生做出的最正确的选择"。然后又选择了成为可口可乐的代言人。詹姆斯广告代言的策略是永远要选择优质的合作伙伴，才能让你的名气加倍胜出。广告代言让詹姆斯开始进入靠"名气变现"也就是品牌变现。③成立有限公司，进入传媒行业，通过纪录片等一系列作品，不断扩大詹姆斯的品牌影响力与作品变现力。④股权投资，利用名人效应，创造投资机会。股权投资是詹姆斯基于未来最重要的战略布局之一。通过股权变现获取的收益远远大于广告代言。⑤成为慈善家。分享财富，用影响力帮助青少年，成立詹姆斯基金，开展"我承诺"项目。

詹姆斯的品牌变现是通过精心布局，操作有法，落地有效，最终依靠自身品牌名气制造源源不断的现金流，成就了10亿美元身家。"股神"巴菲特说："对于企业来说，钱越多越好，尤其是现金，尤其是现金，尤其是现金。重要的事说三遍。"疫情冲击下的世界大变局，竞争时代下的大挑战，面向未来，**企业更应该重视"软实力"的打造，**企业最强劲的软实力是品牌资产，而非固定资产；**企业更应该重视"现金流"以及现金储备，**而非过去简单的利润是多少，利润率有多高；**企业更应该重视"变现"能力的打磨，**而非简单的销售与营销，广告打得再多、流量买得再多、销售人员招得再多，如果不能实现变现，一切都是巨大的成本，消耗企业的现金流。这就是品牌变现这个课题的使命与价值，世界上最赚钱的企业大多都深谙超级品牌之道。他们用什么赚钱呢？研究来研究去，品牌是企业赚钱的终极武器。未来一家企业的变现能力变得极其重要。**什么是变现？简单讲就是企业拥有快速、强大制造现金流来源的能力。**

品牌定江山，变现定生死，是为开篇！

品牌认知的三大误区

提到富翁，很多人会认为他们是生活奢侈者，不是别墅、飞机，就是古董字画、美女成群。这是人们通常会进入的认知误区。其实大多数富翁的生活是很节俭的，甚至在停车场丢失一元硬币也要费力费心地寻找回来。

有的人一旦发现自己视力下降，就认为是患上了近视，急忙到商店找专业的配镜师，又是验光又是精心挑选镜片。其实，导致视力下降的可能是散光，也可能是假性近视。这又是一个认知的误区。

我在给企业家提供品牌路演营销战略咨询服务或授课过程中，时常遇到这样的情况，比如对品牌的认识，他们会想当然地进入三个误区：好产品等于好品牌、品牌是大企业战略小企业只关注产品、品牌无用论短期没效果。这往往导致他们花了很多冤枉钱，走了很多冤枉路。

误区1：好产品等于好品牌

通过与众多企业家交流，我了解到，有些企业，尤其是制造型企业，企业家特别注重产品质量问题，因此在日常企业管理中，把质量当作重中之重来抓。他们认为：只要企业制造出来的产品牛，品牌自然牛；只要产品好，一切都不是问题，未来自然就成为品牌了。这属于典型的"产品思维""工厂思维"。

我要告诉企业家的是：产品≠品牌。为什么这么说？产品与品牌到底是什么关系？或者产品与品牌的区别是什么？接下来一一为您解答。

"产品是作为商品提供给市场，被人们使用和消费，并能满足人们某种需求的任何东西，包括有形的物品、无形的服务、组织、观念或它们的组合。产品一般可以分为五个层次，即核心产品、基本产品、期望产品、附加产品、潜在产品。"

对于品牌的定义是"广义的品牌是具有经济价值的无形资产，用抽象化的、特有的、能识别的心智概念来表现其差异性，从而在人们意识当中占据一定位置的综合反映。本质是品牌拥有者的产品、服务或其他优于竞争对手的优势能为目标受众带去同等或高于竞争对手的价值。其中价值包括：功能性利益、情感性利益。"

以上是百度百科对什么是产品、什么是品牌的定义。通俗的解释就是：某企业制造出质量过硬的越野车，但你在市场上不一定能够达到像保时捷、法拉利一样的高度；你可以给一个头部有伤的人包扎，但你不一定就是一个出色的脑外科专家；你是一个挥金如土的大富豪，但不一定是一个充满正义感的好人。这样的例子如果继续举下去，你会发现有很多很多。

这就是为什么产品≠品牌的回答。如果你还有点摸不着头脑，再进一步给你解释。

大城市的街道两旁是不是有鳞次栉比的高楼大厦？无论是十层还是一百层，每一幢大楼下面都有坚实的基础，才能使得它经受得住暴风骤雨的侵袭，甚至强烈地震的撼动。同样道理，产品就是品牌的基础，即没有产品绝对不会有品牌的存在。产品与品牌的辩证关系是：有了产品不一定是品牌；品牌一定是有产品的。结论是：品牌的外延大于产品的外延。

对那些以为好产品等于好品牌的企业家，我要说的是：**走出这个误区，把创建受人尊敬的伟大品牌树立成新使命、新责任。新一代企业家要从"产品思维""工厂思维"进化到"品牌思维"，这也是时代对企业家提出的新课题。**

误区2：品牌是大企业战略，小企业只关注产品

中小企业是我国国民经济发展的生力军和基石，数量约占全国企业总数的99%。然而，**提到创建品牌，中小企业企业家普遍的反映是：那是大企业**

的事情，我们规模太小，刚创业不久，不适合做品牌。

小企业无须做品牌，事实真是这样的吗？答案是显而易见的。创建品牌与企业规模、创立时间没有关系。

苹果成立初期，它的规模大吗？没有办公室和厂房，只能在车库里成立。车库当然会存放汽车及维修汽车的各种工具，所以这家企业只能算是拥有车库的一个角落。它的人员规模大吗？只有乔布斯、史蒂夫·沃兹、韦恩三个人而已。他们并没有因为规模小、成立时间短而放弃创建品牌，如今，苹果的成就有目共睹。

无巧不成书的是，迪士尼和苹果公司一样，也是在车库里诞生的。

我进一步了解到，在车库里开始创业，成为世界著名企业的还有三家：惠普、谷歌和亚马逊。

1999年，以马云为首的18人在马云位于杭州市的公寓内创立阿里巴巴。相对于苹果公司和迪士尼公司，条件要好一些。如今众所周知，阿里巴巴成为中国互联网巨头公司。

当过小商贩出过苦力的苦孩子曹德旺，接手了一家年年亏损的水表玻璃小厂。他并没有因为只是一家乡村小厂而忽略品牌的创建，历经多年不懈奋斗，终于成长为中国第一、世界第二大汽车玻璃供应商——福耀玻璃工业集团股份有限公司。福耀玻璃也成为宾利、奔驰、宝马、路虎、奥迪等豪华品牌重要的全球配套供应商，同步研发设计，在美国、德国、俄罗斯设有工厂。

此类的案例不胜枚举，仅看上面这些企业是怎样一步步走下去，最后创建出世界级品牌，你有何感想呢？**归结而言，那些只关注自己企业产品的企业家，不要以为做品牌只是那些大公司大企业的事情，与自己风马牛不相及。**

真真正正的那也是你企业的事情。未来时代，尤其是中国的未来时代，品牌是每一家企业都要去做的，哪怕你开一家过桥米线，也要品牌化。因为在消费者主权时代，销量是品牌赢得人心的结果。

误区3：品牌无用论，短期没效果

有人种了一棵葫芦，天天给它浇水施肥。没几天小葫芦长出了嫩芽，很快越长越大，并开出了美丽的花。这人看了后很高兴。不幸的是，葫芦的叶子上生了很多小虫，好心人告诉他：你要给葫芦治虫了。这人不屑一顾：我要的是葫芦又不是叶子，叶子上有虫子与我有什么关系？结果没几天，虫子把叶子吃光后，葫芦死了。

想要葫芦的目标是没错的，但你有没有想到：如果没有叶子进行光合作用，给葫芦提供生长的养料，葫芦怎么能长大？而葫芦在失去叶子后死亡是再正常不过的结果。正确的做法是，为了让葫芦长得更好更大，你应该好好守护叶子，只有叶子长得足够茂盛，葫芦才能结出你想得到的样子。

那些认为做品牌没什么用的中小企业企业家，他们觉得不要再费钱费力费时地创建品牌了。理由有三：一是在信息不对称时期，客户对品牌产生神秘感，所以才有了一大批对品牌的拥护者。而现在是信息透明时代，客户不会再拥护品牌了；二是在多媒体时代，品牌无法做出什么新东西，无法达到人人知晓的程度；三是产品换代的速度太快，而品牌创建的时间又太长，已经不适合信息时代的营销了。并且，在进行品牌创建过程中，短期内根本看不到效果。

的确，品牌创建不是一天两天就可以解决的问题，也不是你走路比别人落后一段距离，用力跑就能追得上的事。无可否认的是，如果你不从现在开始创建品牌，其结果势必如同那个只要葫芦不要叶子的人。而这个葫芦就是你的企业，是你和员工们赖以生存下去的饭碗，是在市场竞争中能够胜出的资格。因此，你要想得到一个又大又好的葫芦，就需要赶紧给叶子治虫——着手创建品牌。

已经有39年养鸡历史的束从轩，2011年之前，肥西老母鸡发展已经有一定的规模，但一直处于不上不下的状态，最关键的是这样干下去看不到更远大的未来。2011年7月，不甘于现状的束从轩拿出400万元聘请咨询专家，开始正式进行品牌创建咨询工作，把"肥西老母鸡"改名为"老乡鸡"，聚焦安徽发展，聚焦"鸡"这一产业链，关停与"鸡"不相关的产业。结果让他喜出望外，当年销售收入1.5亿元，利润1600万元。远远超过了2010年的600多万元利润。惊喜接踵而来，2017年销售额17亿元，门店400家；2019年销售额32亿元，门店800多家。2020年，受疫情影响，发展稍稍放慢步伐，截至2021年，门店1000多家。实施品牌化9年多时间，"老乡鸡"销售额增加21.33倍，门店数量增加8倍，利润增加40多倍。2023年，有望成为百亿级的餐饮企业。

在我为"老乡鸡"提供咨询培训服务的过程中，束从轩董事长与我交流时表示："'老乡鸡'用了12年的时间突破10亿元，用了2年时间突破20亿元，用了1年时间突破30亿元。这就是品牌势能累积的结果。"

当我问起他做了品牌后有什么感想时，他说："做品牌不能要求立竿见影，不能走走停停，决定了就必须坚定长期干下去。'老乡鸡'品牌势能正在爆发，现在想想，如果没有2011年下决心做品牌，就不会有'老乡鸡'的今天。"

而我要告诉各位企业家的是：**从怀疑到深信不疑再到坚定不移，老乡鸡用自身经验证明，企业家的品牌意识种植得越早越好，企业不论大小，做品牌越早越有利于品牌资产的积累。**

品牌的三大价值

任何物品都有价值。钻石有钻石的价值，土块有土块的价值，参天之树有参天之树的价值，小草有小草的价值。

品牌也是有价值的。品牌的价值包含三个方面：一、品牌是企业长期利润的来源；二、品牌使您的产品与众不同；三、品牌是一种高溢价的无形资产。

1.品牌是企业长期利润的来源

春天的鲜花无论开得有多娇艳灿烂，一段时间后，都会慢慢凋谢。正如天下没有不散的筵席，即使相聚再久最终也有分开的时候。"人无千日好，花无百日红"就是这个意思。相对于企业而言也是同样的道理。

你的企业生产出来的产品很棒，也赢得了大批客户，你以为可以高枕无忧了。没想到在另一个城市或同一个城市，甚或就在你企业的旁边，突然冒出一家和你生产一样的产品，并且质量更好，价格更优惠的企业。此时，你是不是感到有点忐忑？紧接着又出现了第二家、第十家、第N家，那你还能依靠产品轻松获得利润吗？

为什么会出现这样的结果？我用一句话就可以概括出来：因为没有品牌。**没有任何一款产品能够长盛不衰，最厉害的企业都是用品牌带动产品迭代更新，推动着企业不断地往前走。产品可以升级换代，品牌可以延续传承、形成资产、保值增值、持续变现。即：品牌才是企业获得长期利润的源泉。**

同时，品牌具有三个方面的优势：高偏好性、高附加值、高忠诚度。

高偏好性。如果你要购买一台冰箱或一身西装，尽管商场里的各种冰箱琳琅满目，各种西装应有尽有，如果冰箱的价格和功能方面相差不大，你自然会选择自己喜欢的品牌，比如格力、海尔、美的等；西装的做工、质量、款式、颜色等各方面都一样，甚至价格也相同，你也会选择自己喜欢的品牌，比如阿玛尼、杰尼亚，也有可能是威克多。

高附加值。当你到珠宝商场购买钻戒时，你多数会选择国际级的奢侈品牌，而很少会选择大众品牌；你会选择铂金而不会选择18K金。即使价格相对于大众品牌要高，你也不会顾忌那点钱，仍然会义无反顾地选择国际级的奢侈品牌。

高忠诚度。品牌忠诚度是指消费者在购买决策中，多次表现出来对某个品牌有偏向性的（而非随意的）行为反应。它是一种行为过程，也是一种心理（决策和评估）过程。品牌忠诚度的形成不完全是依赖于产品的品质、知名度、品牌联想及传播，它与消费者本身的特性和产品使用经历密切相关。

一言以蔽之，不管别人怎么说，用户还是会选择自己认可的品牌。

一个朋友的弟弟要买车，朋友始终建议弟弟购买法拉利这个品牌。他之所以这样做，是因为他开的就是这个品牌，身边的朋友开的也是这个品牌。大家共同的评价是：一种近似信仰的存在，那是一种图腾、一种精神。因为实力使然，坐进去，你心中不会再有其他杂念。但他弟弟看上另外一个品牌的车。尽管两人为此争辩了多次，弟弟还是坚持自己的看法，购买了那个品牌的轿车，结果开了不到半年就出问题了，不是这儿有故障就是那儿出毛病，每天不是在修车就是在去修车的路上。后来弟弟只好听从哥哥的建议，以最低的价格处理掉那辆车，重新购买了一辆法拉利。

乡间一栋无人打理的四五十年的老房子会渐渐漏雨进而破败，最后倒塌成一堆瓦砾；一辆行驶三十万公里的货车等于报废；八九十岁的人会因身体机能老化而去世；能够让企业长盛不衰的唯有品牌。

"唯江上之清风，与山间之明月，耳得之而为声，目遇之而成色，取之无禁，用之不竭。"苏轼在《前赤壁赋》中这样写道。相信这也是众多企业家的心声。为了企业利润拥有长期的来源，应该为创建品牌做点什么。

我认为：**企业没有品牌，如同一个成年人不穿衣服就跑到大街上。没有品牌就没有形成资产，只能算是提供交易的贸易商；有了品牌，就能够传递价值，积累资产，形成企业最坚实的护城河。**

2.品牌使您的产品与众不同

世界上没有两片完全相同的树叶，正如世界上没有两个人的指纹是一样的。警察破案过程中，很多时候是通过指纹比对，成功抓获罪犯的。

再比如，提到浪漫，人们首先想到的是法国，不仅有鲜艳的时装，还有浓情的香水和多情的民众；提到雪茄，人们想到的是古巴；提到机械，人们想到的是德国；提到动漫，人们想到的是日本；提到基建和互联网技术应用，人们想到的是中国……这就是差异化，这就是品牌。

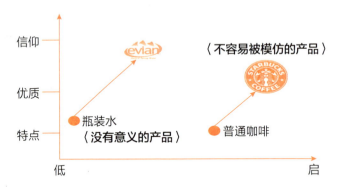

你的企业可以没有如网红那样拥有千万粉丝的知名度，也没有像货币那样进入千家万户的市场占有率，但未来发展之路不能没有明确的规划。如果企业仍然生产没有差异化、没有意义的产品，企业的生存和发展空间很快会被他人蚕食掉。

在中国，一瓶普通的矿泉水只要一块钱就可以买到，而法国品牌的依云（evian）竟然卖到了八九十甚至几百元，被称为世界上最昂贵的水。不就是瓶矿泉水嘛，为什么会卖出金子般的价格？不仅仅是因为这款矿泉水是天然的、出身高贵"背靠阿尔卑斯山，面临莱芒湖"，更多是人为地在品牌上加入了一些传奇的故事。差异化就是有特点的产品，有特点的产品就是优质的产品，相对于客户而言，忠诚度就高。

一杯普通的咖啡十块钱左右，但在星巴克，喝一大杯的卡布奇诺需要付出三十多元，这些钱包括成本、门店租金、员工工资、营运费用、品牌溢价，而其成本不到七元。是因为"以星巴克的伙伴、咖啡和顾客为核心，营造一种温暖而有归属感的文化，欣然接纳和欢迎每一个人。积极行动，用于挑战现状，打破陈规，以创新方式实现公司与伙伴的共同成长。在每个连接彼此的当下，星巴克专注投入，开诚相见，互尊互敬。对于每件事，星巴克都竭尽所能，做到最好，敢于担当。从人文视角出发，星巴克追求卓越业绩"，还是因为它来自"阿拉比卡咖啡，在全球82个市场，拥有超过32000家门店"？究其原因，是品牌让企业的产品与众不同。当然，星巴克的咖啡是不容易被模仿的，这也是品牌造就的差异化。

品牌会使企业的产品变得与众不同，但要创建出一个有影响力的品牌，就像攀登珠穆朗玛峰一样，仰望高度，期待登峰，又充满风险挑战。

总部在德国巴伐利亚州慕尼黑的宝马公司，不仅代表着巴伐利亚，还代表德国最精湛的发动机技术。它最初是一家飞机发动机制造商，后来开始制造宝马牌摩托车，收购一家汽车制造厂后，就开始生产汽车了。接下来的几年，宝马公司在注重各品牌独特性的同时，通过推出新产品进军新领域，并把系列产品推广到更多新市场。宝马身为一个高档品牌，其产品在设计美学、动感和动力性能、技术含量和整体品质等方面具有丰富的产品内涵。宝马公司以汽车的高质量、高性能和高技术为追求目标，汽车产量不高，但在世界汽车界和用户中享有和奔驰汽车几乎同等的声誉。宝马汽车加速性能和高速性能在汽车界名列前茅。在此基础上，宝马汽车期望获得较高的单车利润率，从而继续保持盈利性增长，并确保公司在未来的行业地位。

无论是依云、星巴克还是宝马，这类品牌公司旗下的产品，在各自领域中与其他企业截然不同。一瓶水也是矿泉水中身价最昂贵的，一杯咖啡的身价在同行中是最高贵的，而一辆宝马越野车在同类产品中也是佼佼者。品牌是让产品与众不同的根本。

3.品牌是一种高溢价、可变现的价值资产

当企业的品牌达到一定程度，尤其是达到国际级水平的时候，该企业的产品价格也会是一个相当高的境界。

20世纪八九十年代，每到过了春节以后，农村的年轻人就会身背或肩挑起被窝和衣服，到经济发达的地方打工，以换得一家老小的生存需求。他们挑着的蛇皮袋子不过几块钱而已，这也是在人们的承受范围之内，因此这种蛇皮袋子是那个时代打工人的标配。然而LV推出的类似花纹的产品（Burberry也有同样的），却要近两万元。是的，你没有听错。此时你可能会想，看看这款包的样子，和当年打工人用的几块钱的蛇皮袋子有什么区别？告诉你吧，这就是品牌的功劳。

品牌能够成为一家企业的无形资产，比如麦当劳、可口可乐、爱马仕、古驰，都是由于品牌使得企业持续不断地盈利。而品牌溢价使企业有能力、有资格获得更高售价、更高利润率。

2020 年凯度 BrandZ™ 最具价值全球品牌 10 强

2020 年排名	品牌	类别	2020 年品牌价值（亿美元）	品牌价值同比变化	2019 年排名
1	亚马逊	零售	4158.55	32%	1
2	苹果	科技	3522.06	14%	2
3	微软	科技	3265.44	30%	4
4	谷歌	科技	3236.01	5%	3
5	Visa	支付	1868.09	5%	5
6	阿里巴巴	零售	1525.25	16%	7
7	腾讯	科技	1509.78	15%	8
8	Facebook	科技	1471.90	−7%	6
9	麦当劳	快餐	1293.21	−1%	9
10	万事达卡	支付	1081.29	18%	12

2021 年凯度 BrandZ™ 最具价值全球品牌 10 强

2021 年排名	品牌	2021 年品牌价值（亿美元）	品牌价值同比变化
1	亚马逊	6838.52	64%
2	苹果	6119.97	74%
3	谷歌	4579.98	42%
4	微软	4102.71	26%
5	腾讯	2409.31	60%
6	Facebook	2267.44	54%
7	阿里巴巴	1969.12	29%
8	Visa	1912.85	2%
9	麦当劳	1549.21	20%
10	万事达卡	1128.76	4%

　　以上两份表格是 BrandZ™ 发布的 2020 年和 2021 年最具价值全球品牌 10 强。我们来看看前五名这两年品牌溢价的变化。

第一名亚马逊公司，2020年的品牌价值是4158.55亿美元，2021年是6838.52亿美元。仅仅一年的时间，品牌溢价率达到了64%。而该公司在2020年的净销售额为3860.6亿美元。2020年的净销售额仅是2021年品牌价值的一半多点而已，可见品牌溢价有多强大。

第二名苹果公司，2020年的品牌价值是3522.06亿美元，2021年是6119.97亿美元。一年时间品牌溢价率比第一名的亚马逊公司还高，达到了74%。该公司2020年的营收规模达2745亿美元。2020年的营收额还不到2021年品牌价值的一半。

第三名微软公司，2020年的品牌价值是3265.44亿美元，2021年下降一名，成为第四名，品牌价值是4102.71亿美元。品牌溢价率为26%，2020年运营利润为529.59亿美元。

第四名谷歌公司，2020年的品牌价值是3236.01亿美元，2021年该公司上升了一名，成为第三名，品牌价值是4579.98美元，品牌溢价率为42%。该公司2020年总营收为1825.27亿美元，2020年的营收额还不到2021年品牌价值的一半。

第五名2020年是visa，2021年是腾讯。visa2020年的品牌价值是1868.09亿美元，品牌溢价率为5%。腾讯2021年的品牌价值为2409.31，品牌溢价率为60%。visa净利润为108.66亿美元，仅为品牌价值的十分之一。

"品牌资产是与品牌、品牌名称和标志相联系，能够增加或减少企业所销售产品或服务的价值的一系列资产与负债。主要包括5个方面，即品牌忠诚度、品牌认知度、品牌知名度、品牌联想、其他专有资产（如商标、专利、渠道关系等），这些资产通过多种方式向消费者和企业提供价值。品牌资产除了包括上述几个方面内容以外，还应包括品牌溢价能力、品牌盈利能力。在品牌资产金字塔中，最终能够为品牌主带来丰厚的利润，获取更多市场份额的便是品牌忠诚度和品牌溢价能力这两大资产。"

以上是百度百科对品牌资产的定义。

看看这些高溢价的品牌，难道我们真的能沉得住气吗？在凯度2021年BrandZ™最具价值全球品牌排行榜中，中国占了18席。榜样的力量是无穷的，我们企业家应该以他们为榜样，假以时日，相信我们也会创建出极具影响力的国际品牌。

品牌的四个类别

战国是个群雄争霸的时期，你方唱罢我登场，谁有能力谁就是老大。不甘落后的齐宣王想到了招贤纳士这一妙招，于是让淳于髡赶紧去寻找人才。没想到这老先生一天之内向齐宣王引荐了七个人。

齐宣王觉得这是不可能的事，淳于髡推荐的人才可能是有问题的，因为人才并不像沙子那么多，随便用手一抓就能有很多。而能称得上人才的，简直比钻石还少，而你却一次性推荐这么多，肯定是有什么不可告人的目的。

淳于髡没有上火也没有生气，心平气和地告诉齐宣王：大雁总聚在一起飞翔，狮子都是聚在一起行动捕抓猎物。你想要寻找到柴胡、桔梗，如果到水洼地去找，肯定找不到；要是到山上去找，一定会找到很多。这是因为天下同类的事物，总是相聚在一起的。我多少也算个贤士人才了，所以让我推荐人才，如同在大海里取水一样容易，我还要推荐一些人才，何止这么几个。

俗话说："物以类聚，人以群分。"企业家喜欢结交企业家，医生喜欢结交医生，科学家喜欢结交科学家。企业家通常很少跟医生交朋友，除非他生病了。之所以同类人能聚集到一起，是因为大家彼此从事的是一样的工作，就会有共同的话题。

对品牌而言，也有分类，并且有四个类别：

1.渠道品牌

企业生产出产品后，要经过多次转换才能到达客户的手中。例如，经销商从厂家拿到产品后，会转到下级批发商手中，批发商再往各个零售店配送。这就是渠道品牌的目标。

京东是 2004 年进入电商行业的，其业务涵盖两大板块，一个是电商，另一个是物流。电商领域，经销的包罗万象，吃住穿用应有尽有，是以零售为核心业务的平台型公司；物流领域，城市的大街小巷到处能看到写有"京东快递"的物流运输工具。

京东成立初期，刘强东仅凭一台破电脑和一辆破三轮车打天下，先是光盘批发后转零售。当互联网崭露头角时，刘强东又进入电商行列。与大多数创业人一样，他也遭遇到了前所未有的困难，比如他着力打造的物流仓库没有人投资。没想到最后竟成为京东发展壮大的资本。第二大业务板块物流就是在此基础上建立起来的。

随着网上商城及物流的不断发展，京东大力投入研发，在科技与实体经济融合发展的道路上坚定前行。

以生活服务为主业的美团成立的时间并不长，只有短短的十多年而已。就是这短短的十多年，让美团成长为除了腾讯和阿里，稳坐第三把交椅的大企业，截至2021年10月，市值超1.5万亿港元。

美团为什么能够打败众多的竞争对手，发展如此之快？"以客户为中心、长期有耐心、坚持做正确的事而不是容易的事、拥抱变化、每天前进三十公里、我不会但我可以学、苦练基本功"。可能这就是答案。

此外，美团高度重视并积极履行社会责任。在2020年的新冠肺炎疫情时期，不仅为用户解决了生活难题，还对一些团体和机构保证"保价不断货"。在那个人们担惊受怕足不出户的特殊情况下，美团没有停住脚步，许下的不仅仅是简单的诺言，更是一份沉重的社会责任。美团做到了。

除了京东、美团外，市场上比较活跃的还有国美、苏宁、淘宝、万达广场、银泰百货等，它们都是渠道品牌企业的代表，此类企业的特征是掌握流量、贩卖流量，通过流量变现。

2.产品品牌

品牌代表着产品的身价，如前文所说，同样是包，如果这是一个普通的包，价格只不过是几块或几十块；如果是一个有着爱马仕"血统"的包，身价立刻提升，即便是几万元，消费者也会蜂拥而至。这就是品牌产品与无品牌产品的差距。

农夫山泉董事长钟睒睒曾经干过建筑，做过种植养殖，最终成为一名身家千亿的"大自然的搬运工"。让我们一起看看这个产品是如何成长为品牌的。

身为浙江千岛湖养生堂饮用水有限公司董事长的钟睒睒，决定给自己的产品命名为农夫山泉，之后便开启了一系列的创建品牌之路。从广告创意到与各路"水大佬"开战，从一批纯净水企业家对他群起而攻之到农夫山泉年营收几百亿元，从亮眼的包装到唱广告反调，从"独狼"到上市，钟睒睒始终没有放弃创建属于自己的品牌，如今，农夫山泉已经连续多年保持着中国包装饮用水市场占有率第一。

商业竞争的本质是品牌，品牌体现的是产品的身价，品牌强则产品强。如何使企业的产品在市场的竞争中立于不败之地？这个问题值得每一位企业家深思。

格力空调在同类产品当中销售价格是最高的，却长期占据国内同类产品销量排行榜第一名。是因为"一个没有创新的企业，是一个没有灵魂的企业；一个没有核心技术的企业是没有脊梁的企业，一个没有脊梁的人永远站不起来""打造精品企业、制造精品产品、创立精品品牌"，还是因为"弘扬工业精神，追求完美质量，提供专业服务，创造舒适环境"或"好空调，格力造"？

2021年3月27日，格力电器（000651.SZ）发布消息称，截至2021年3月，公司累计发明专利授权数量已经超过一万件。格力电器为全球空调行业做出了标杆，也验证了中国企业有足够能力和资格走进世界品牌的殿堂。

此外，还有国外的产品品牌，如法国的香奈儿、瑞士的劳力士、意大利的兰博基尼、美国的李维斯等。如果你的企业也想创建出这样的产品品牌，那你就要做好以下四步：一是解决用户痛点，创造极致体验；二是让产品要么有特点，要么有特色；三是找准品牌定位，找到购买理由；四是持续不断地进行价值传播。坚持不懈地走下去，相信你也会创建出一个誉满全球的产品品牌。

打造"卡车界"世界冠军：

宏昌天马百亿市场发展之路的品牌升级与突破

新宏昌是我们服务过的客户中非常有代表性的一家企业。2017年，我与新宏昌重工集团结缘，新宏昌重工集团总裁蒋晓冬先生是一位非常热爱学习的企业家，并且整个团队的学习转化力非常强，当时引进了我的王牌课程《路演大师》，200多位营销人员集中学习，持续落地，我们来看一下近年来新宏昌的变化。

2021年是宏昌天马品牌的20周年，也是宏昌天马百亿市场发展的第20个年头。

自2001年新宏昌重工集团正式进军专用车制造领域，创立"宏昌天马"品牌，到如今"宏昌天马"成功打入全国专用车龙头品牌三甲之列，坐拥5万基建用户，实现突破50万辆的销售战绩。宏昌天马用20年磨砺突破，锤炼品质，致力于打造拥有自主知识产权的产品品牌。

作为国内专用车改装行业首家成功孵化品牌的集团公司，新宏昌重工集团及旗下品牌"宏昌天马"实现双赢发展。

新宏昌重工集团现已成为国内最大的专用企业生产基地，也是我国产业覆盖及客户覆盖最全的企业之一，生产基地遍布南北6个核心城市，形成以覆盖工程机械、物流装备、特种装备研发与制造，机电液压传动、金属表面新材料的研究与应用的全系产品链布局。集团自卸车产销量连续17年全国第一，连续21年全球第一，是我国机械500强企业，河北省百强民营企业及中国专用汽车领军企业。

旗下国内品牌"宏昌天马"被认定为中国驰名商标，是国内知名的专用车自主品牌之一。海外品牌"SUNHUNK"连续3年保持自卸车改装出口首位，出口产品覆盖全球30多个国家和地区，在许多国家和地区成为用户认可、喜爱的中国汽车品牌，为我国重型汽车工业发展和国家经济建设做出了突出贡献。

2020年以来，受新冠疫情及中美贸易摩擦影响，国内重卡行业受到较大冲击，国内外大环境发生深度变革，在经济形势和市场形势不容乐观的情况下，宏昌天马产品销量不降反升，累计销售实现破百亿。百亿销量的背后不仅仅是一个个数字的累加，更多的是宏昌天马工程车的前瞻研判布局，品牌战略升级的规划落地，顺势而为迎头而战，变洗牌为变革，变变革为机遇，从市场红海寻找蓝海，打造"卡车界"世界冠军的底气和能力。

那么实现这一目标的品牌支撑秘笈与制胜突破法宝又是什么呢？

重构品牌金字塔　重塑差异化定位

宏昌天马针对当前行业市场产品同质化严重、个性定位模糊、多元化趋同的大环境现状，重构宏昌天马品牌金字塔，强化品牌及产品差异化优势。

品牌定位由原来的"中国专用车领军品牌"升级为"中国自卸车全球领导者"，在打造中国自卸车第一品牌基础上，向国际品牌打造的标准和要求进军。

品牌传播口号升级为"宏昌天马，全球50万用户的选择"，核心传播百亿市场中流力量品牌，并配以"以科技创新引领行业发展，以科技创新提升客户价值"的科技·创新品牌为价值传播双轮驱动护航。

同时，宏昌天马还聚焦"以产品为中心打造核心竞争力"，针对旗下五款王牌产品推出一系列大刀阔斧、推陈出新的改革，特别是在产品差异化定位及配称升级支撑上，取得了不错的成效。

做强产品品牌开发　差异化配称全方位支撑

成功的产品品牌一定要在不同的细分市场中有清晰、容易被认可及容易被推行的价值定位。宏昌天马以产品为中心打造核心竞争力，确定"KT渣土车、KV轻量化自卸车、KH自卸车、HKT矿用车、KBZ半挂自卸车、KBC半挂运材车"主力产品线，聚焦用户需求，重新定位品牌，实现品牌升级，为每款产品梳理全新差异化定位，并为每套产品建立起一系列的战略支撑配称，树立大品牌形象。

KT自卸车聚焦"世界第一辆城市智能渣土车的开创者"产品定位，核心传播锁定"一直被模仿，从未被超越"，差异化价值主张聚焦"信赖＋智慧＋安全＋强悍"；

HKT矿用车聚焦"中国矿用自卸车的领导者"产品定位，核心传播锁定"专业制造21年，中国矿车，抗砸耐磨"，差异化价值主张聚焦"装甲框架＋高承载＋高效率"；

KBZ半挂自卸车聚焦"全新一代轻量化半挂自卸车"产品定位，核心传播锁定"专业制造21年，举得稳，卸得快，不变形"，差异化价值主张聚焦"轻盈＋速度＋强悍＋智慧"。

精准"传播力"为核心　纵横捭阖资源整合营销运用

以前人们说"酒香不怕巷子深"，但身处信息爆炸的今天，酒香也怕巷子深，品牌传播是品牌生命力的基础，好东西还要会吆喝。

2020年，宏昌天马敏捷反应，迅速抓住营销变革机遇，快速推进数字化营销转型，打造全方位数字化营销推广体系，梳理纵横交错的资源链条，形成立体化的资源架构，搭建完善的整合营销矩阵，覆盖线上线下、社交社群、营销交易等多方渠道领域。

宏昌天马从"渠道、服务、市场、营销、研发、制造、采购、组织"全面明确运营支撑定位，搭建完善的运营配套支撑配称。传播配称上，宏昌天马从"稿件架构、公关活动、社交媒体、短视频、口碑打造"针对不同产品做差异化传播配称打造，同时终端市场做试点工程，聚焦样板市场打造，目前效果卓有成效。

品牌成长案例探析

案例一：挥泪砸车厢

2002年，刚成立的三河市新宏昌专用车公司接到第一个大单，北京的一家集团客户订制20台宏昌天马6×4F式自卸车。当时市面上运营的都是普通T式自卸车，新宏昌生产F式自卸车毫无生产经验，是个巨大挑战。

签订合同后，公司集技术、生产、工艺所有力量，全厂200多名员工全员上阵，没日没夜三班倒赶工保期。经过20多天的奋战，20台F式自卸车终于顺利下线，蒋总信心满满，带领营销团队亲赴现场给客户交车。客户在查验过程中，气愤地讲：这根本不是F式自卸车，就是普通的T式自卸车，并指出20多项问题。客户认为自己上当受骗了，非常气愤。蒋总看完客户的运营车辆后，现场保证：这20台车重新制作，保证给客户交付一批合格的，高质量的，令客户满意的产品。

一方面安排将车辆开回，另一方面亲自带领技术营销团队奔赴一线，爬车厢，卧车底，看结构，与司机深度交流，终于明白了问题出在哪里。

蒋总将这20台F式自卸车全部召回，组织全员质量大会深刻反思，蒋总现场讲道："我们的产品出问题了，为保障我们的客户运营利益，这20台车全部召回，召回成本我们自行承担。出现问题不可怕，可怕的是我们不敢承担责任，回避问题，让质量不过关的产品流入市场，给我们的客户带来运营风险，损害客户权益，失去客户信任。""产品我们第一次做，没经验，这不是理由，造车我们就要造好车，匠心铸精品，这个根基我们永不能变。发往市场的每一台宏昌天马车必须是精品，否则宁愿把它砸在厂里。"说完，蒋总举起大锤抡向车厢。20个车厢现场全部被切割报废处理，看着奋战近一个月的产品转眼变成一堆废铁，200多名员工现场都哭了起来，立下誓言一定做到最好。

经过18天的努力，20台高标准的F式自卸车再次交付客户手中。客户对宏昌天马竖起大拇指说："以前有张瑞敏砸冰箱，现在有蒋晓冬砸车厢。冲着这样一股匠心做事、精益求精的劲儿，宏昌天马怎么能做不大？我们集团以后所有的车不管底盘用哪家，车厢就选宏昌天马！"凭着对宏昌天马这个品牌的信任，这家客户现在已和宏昌天马风雨走过20年，他家的车只有一个品牌"宏昌天马"。

案例二：渣土车+高强板

一、智能渣土车诞生记

2013年，北方的雾霾还很严重，其源头70%来自建筑粉尘和尾气排放，因此北京市政市容委对城市渣土车进行了专项治理。

早在2012年，新宏昌就开始研发智能渣土运输车。2013年，新宏昌技术团队和北京市政市容委用半年多时间共同起草北京市渣土运输标准，研发了中国首款能够与智慧城市管网衔接，同时解决遗撒遗漏、360°安全无死角的智能渣土车。该款产品智能连接北京市政市容委统一信息管理平台，可实现对基建车辆的全天候、全过程、全覆盖监管。

宏昌天马智能渣土车就像一把"利刃"，助阵智慧绿色城建，解决了以下问题：

①安全问题：360°环视预警，主动限速；

②环保问题：全密闭防尘，杜绝遗撒遗漏；

③智能监管：不按市政规划路线行驶限速，未到指定消纳场卸料报警。

从2013年到2021年，国内智能渣土车累计置换大约40万辆，目前每年的更新量约为7万辆，中国基建市场覆盖度达到80%。

二、高强钢、耐磨钢替代进口节能减排

目前渣土车厢所用钢材都是1450兆帕耐磨钢。2000年以前，国内是没有厂家应用耐磨材料的，市面上工程车都是普钢材料。2003年，蒋总去瑞典参加全球钢铁论坛，看海外专业人士在讲这种高强钢和耐磨钢的优点，可以大大提高产品寿命，而且轻量化，但是价格非常昂贵，当时高强钢材9000元/吨，耐磨钢价格16000元/吨，而且国内用的全是进口的。

2004年，新宏昌重工集团和太原钢铁达成合作，联合开发700兆帕高强钢，在市场不断应用、验证，失败多次，直到最后成功。新宏昌重工集团将这一材料在专用车全行业推广，效果很好，市场上70%的工程车替代了以前的材料。

2011年，新宏昌重工集团又和南京钢铁一起联合开发1250兆帕耐磨钢，经过双方反复验证，基本达到同类进口水平，而价格是进口的60%左右。

专用车行业每年高强钢、耐磨钢有150多万吨需求，推广到其他行业，特种钢的需求量更是数以亿吨计。在宏昌天马的持续推动下，现在中国高强钢和耐磨钢已经实现100%国产替代，仅此一项，每年为国家节约铁矿石300万吨、煤炭100万吨、柴油1300万吨。为我国的稀缺资源和环保事业交上一份沉甸甸的答卷。

20年间，新宏昌重工集团正是秉承着"以客户为中心"的品牌理念，坚定以"全球市场，国际标准，世界品牌，中国质造"发展战略指引下，"宏昌天马"从一个名不见经传的小品牌成长为中国自卸车全球领导者，各大品类销售爆发式增长，发展成为一家覆盖特装、工程、冷链、新材料及金融租赁的具有国际视野的科技创新型企业集团。产品品牌"宏昌天马"和"SUNHUNK"享誉国内外。

未来，宏昌天马将以品牌升级为核心导向，继续推动数字化、智能化探索与实践，全面启动品牌换新，纵深推进品牌建设，为广大用户提供高价值的产品和服务，深度赋能行业客户，进一步打造全球领先的领导者品牌形象，成为"中国制造"走向世界的引领者。

3.企业品牌

企业品牌包含商品品牌和服务品牌，传达的一是企业的经营理念，比如

宝马的经营理念是谋求长期持续性的增长，而不是短期在市场上讲故事；二是企业文化，比如卡地亚的企业文化是始终如一地坚持追求至真、至善、至美；三是企业价值观，如可口可乐公司的价值观可概括为：自由、奔放、独立掌握自己的命运；四是对消费者的态度，比如迈巴赫"客户需求就是一切"。总之，企业品牌能有效突破地域间的壁垒，进行跨区域的经营活动。比如宝马、奔驰、可口可乐、麦当劳等企业。

小罐茶是近年来快速崛起的中国茶品牌。2016年7月，我到访小罐茶，与市场中心总经理梅江先生进行深度交流，考证了小罐茶的快速崛起之道。我是最早一批研究服务小罐茶的人，并以教学案例传播推广小罐茶，一路见证了其辉煌盛景——2018年销售额突破20亿人民币。中国茶行业面临的一大问题是有品类无品牌，小罐茶定位为高端中国茶，涵盖8大品类，牢牢掌控商务招待用茶与高端茶礼品市场。小罐茶致力于打造一家有影响力的企业品牌，以"用一片叶子温暖世界"作为企业品牌使命，以"到2030年以科学创新与艺术创造成为国内最具价值的茶类消费品集团"为企业品牌愿景，以"有爱，敢为"为企业品牌的核心价值观。

一个企业没有品牌，如同一棵没有皮的大树。试问，一棵没有皮的大树，能活多久？即使能够存活一段时间，也是苟延残喘。如果你希望自己的企业基业长青，就需要马上行动起来，创建你的企业品牌。

4.个人IP品牌即企业家品牌

南科大创新创业学院院长刘科院士说，**企业家本身就是品牌**。有了品牌，企业才能发展，而品牌就是社会对你的评价。

为什么要创建企业家个人IP品牌？

这是一个"连接"的时代。之前做生意的核心是商品，人围绕着商品转；现在做生意的核心是"人"，商品围绕着"人"转。**未来生意能否做大，能否保持不菲的收益，取决于你能够和多少人产生连接。人变成了交易的入口，与"人"连接的能力将是未来最重要的生存力。**

老祖宗说：名利双收。出名在前，谋利在后。一个人"出名"，说明他有影响力、号召力、连接力，只有具备以上"三力"，做任何事情才能事半功倍。

企业家个人IP品牌有三大价值：

①**通过企业家品牌快速建立信任认知**。对于资源极其有限的中小企业，在短时间内打造企业品牌、产品品牌比较难，打造"你"这个人相对容易，因为你是独一无二的，并且用户对一个人的接受度更容易，未来更多生意是冲着你这个人来的。

②**通过企业家品牌快速建立关系连接**。未来时代，购买和合作都是基于"关系"，关系决定购买，决定合作效率，"谁来卖"比"卖什么"更重要。

③**通过企业家品牌快速建立流量主权**。企业家品牌是重要的流量来源，用户一旦对企业家产生认同，产生崇拜，就会变成企业家的粉丝，这些粉丝就是私域，也是流量主权。

有些企业家认为个人IP就是网红，这是非常大的误解。个人IP≠网红。**个人IP是行业关键意见领袖，即依靠自己的专业和人格魅力对行业产生影响力的人。**而网红往往是依靠颜值通过事件性营销迅速获得网民关注的网络红人。真正的个人IP是垂直于某个行业，有行业专业度，可以输出专业价值或解决方案。个人IP是强连接，网红是弱连接。个人IP的流量是垂直的、更加精准的流量，网红的流量是泛娱乐化的大众流量；流量越精准，变现越容易，也越能够产生重复性购买。

企业家品牌具有独一无二性，品牌识别度最具差异化。比如人们只要看到乔布斯就想到了苹果手机；看到曹德旺就会想到福耀玻璃；看到任正非就想到华为；看到董明珠就想到格力空调；看到雷军就想到小米；看到刘强东就想到京东……这就是个人IP品牌，也是企业家品牌的魅力。

企业家品牌可以树立外界形象和增加企业销量，对带动企业增长有着天然的优势。苹果手机长时间占据最大市场份额，得益于乔布斯构建的企业家品牌，如果没有乔布斯当初路演产生的巨大影响力，谁会认识苹果手机？如果没有雷军的倾情路演，小米也决不会成为炙手可热的品牌。

在这个人人都有机会成为品牌的时代，企业家想创建个人IP品牌，需要在四个方面把握好：

①切忌过度包装

有些企业为了把企业家个人IP创建成代表企业的品牌，调动一切资源，这无可厚非。切记不要高价聘请顾问团、枪手，为企业家量身定做出一套独特的理念和价值观，努力使之与企业品牌内涵保持一致。这样做容易起到相反的作用。在某些场合，企业家往往表现出自己与企业不同的价值观，给人以虚假的感觉。而企业家本人的生活习惯、知识水平、价值观念应该是顺其自然天然而成，无须刻意地过度包装。

②对产品始终忠诚

我认识的很多企业家天天忙于日常管理，恨不得一天当成两天用，根本没有多余的时间和精力去分析公司的产品怎样了，到了什么程度。以至于外界问起某产品时，不是一问三不知，就是把问题推给营销部门，让他们看着办。正确的做法是，无论何时何地，即使是泰山崩塌在自己面前，也要岿然不动，对产品始终忠诚，绝不能让别人感觉到你与产品有一点陌生。不管是在线下的聚会还是手机上的朋友圈，都要为自己的产品抬轿吹喇叭。

③不一定成为精神领袖

有些企业家在自己企业的表现是一言堂，他说糖是苦的，别人不敢说是甜的。这是企业家偏执地想成为"员工意见领袖"作祟。其实，企业家完全没有必要"统治"员工的精神，关键是要对员工像家人一样，而不是干活的工具，让他们有足够的理由为企业贡献自己的能力。只要是对企业发展有利，哪怕他们有时会对你怨声载道，也能以足够的胸怀去包容，这才是真正意义上的企业家。

④现身说法

当企业的产品即将上市之际，企业家要讲得出品牌的故事，这是营销过程中最为关键的一步。如果在这里失败了，后果会相当严重。如果讲成功了，对产品的营销无疑会产生巨大的推动力。我见过不少企业家讲品牌故事失败的案例，因为他们大多是按照事先设计好的剧本讲给客户听。今天的客户并不是以前的客户，他们见过很多"大场面"，很容易就会听出你话语背后的味道，如果他们品出你有虚情假意的成分，失败是必然的。切实可行的是，对待产品要像对待自己的子女一样现身说法，说出他们的脾气禀性，爱好什么讨厌什么，可爱到什么程度，诸如此类，要讲得身临其境，声情并茂。这样往往更有感召力，让客户从心动到马上付诸行动。

的确，企业家创建个人IP品牌没有想象的那么困难，也不是简单到唾手可得。只要把握好以上四个方面，一锹一锹不停地挖下去，总会挖到金子。

创建品牌"一个目的四个目标"

当你早晨走出家门，发动汽车的那一刻，一定知道今天要到哪里需要解决什么事情。

企业家也和大多数人一样，办企业开工厂也是有目的有目标的，而仅仅创建品牌一项就包含着"一个目的四个目标"。

1.一个目的：卖货

耐克的菲尔·奈特，可口可乐的约翰·彭伯顿，苹果的乔布斯，星巴克的霍华德·舒尔茨，优衣库的柳井正，农夫山泉的钟睒睒，格力的董明珠，小米的雷军，小罐茶的杜国楹等都是顶尖的"卖货大师"。无论是办企业、开工厂，还是从事贸易，总需要制造和存放产品，有了产品就不能握在自己手里，需要销售出去。生产出来的大批汽车要卖到千家万户，建造完工的大量房屋要卖给需要的人才能盈利，这就是卖货。

卖货是很有讲究的一门学问，作为企业要搞明白一件事："你要卖什么？"我总结卖货分为9个层次，依次为卖技术、卖功能、卖质量、卖解决方案、卖文化、卖价值观、卖生活方式、卖精神、卖信仰，先对照一下你的企业在卖什么？

我把**卖技术、卖功能、卖质量统称为"卖产品"**，卖出去的主要方式是价格战，所以不赚钱。我把**卖解决方案、卖文化、卖价值观、卖生活方式、卖精神、卖信仰统称为"卖品牌"**，卖品牌比单纯卖产品更好卖，能实现更低成本的卖，品牌带来的盈利能力远远大于产品。上面我提到的那些"卖货大师"看似他们在卖产品，实则背后的本质是在卖品牌，尤其是个人IP品牌的魅力与影响力，只是很多人没有发现品牌的力量罢了。

很多企业家问过我一个问题，53°飞天茅台经常大量缺货，为什么茅台依然在央视、高端航空杂志做广告？说得直白点，茅台就是要通过广告让品牌势能不断提升，品牌影响力更加强劲，品牌价值更加具有稀缺性，让卖货更容易，实现从好卖到卖好。

再来看看国潮李宁是如何实现王者归来的？

从亏损30亿到营收破百亿，李宁用9年的时间实现王者归来。李宁的崛起从"1+4"进行变革，"1"代表品牌，重塑品牌价值，让品牌年轻化，让看上去"老了"的李宁重新焕发年轻力量，尤其是融入中国文化元素，彰显中国风范，让品牌变得更加自信与充满国潮范，从而更能吸引年轻一代消费人群。"4"是从产品设计的创意创新，改变定价策略，增强销售场景的运动体验感，品牌推广的国际化、时尚化，让李宁品牌焕发生机，从而实现超级卖货。

什么是品牌？最权威的定义是《新华字典》——品牌就是产品的牌子。**那么产品与品牌是什么关系？**产品是"实"，品牌是"虚"，虚实结合才是道，"道生一，一生二，二生三，三生万物"，切记"虚的力量"大于"实的力量"；产品是技术、功能、质量生产工艺，是厂家关心的，品牌有"三品"，品质、品位和品格，是价值呈现与价值输出，是解决问题的方案，代表着一种文化与价值观，是用户关心的；产品容易同质化，真正的品牌是不会同质化的。

品牌是由三大战略组成：产品结构战略，产品是企业的第一战略方向，产品方向错了，其他的全错。如何进行产品结构的布局，是决定企业生死存亡的大事情；**文化体系战略，**品牌没有文化，就像一个人没有灵魂一样，从某种程度上说，没有文化，就没有品牌，这就是为什么很多"土豪级老板"砸钱也打造不出品牌的核心原因之一，做品牌和品牌传播，本质上就是做文化和文化的输出，这是一种软实力的打磨；**路演符号战略，**"路演符号"是我自己定义的一个词，所有品牌变现都绕不开路演这一关，只有通过路演才能实现变现，才能为企业带来收益。在注意力变得稀缺的时代，不论是面对面路演、线上路演，还是场景化路演，让用户快速记住你、想起你、讨论你、购买你、传播你才是关键，这就需要把品牌路演符号化，因为"路演符号"可以简化信息，"路演符号"可以形成最小记忆单位，"路演符号"是品牌建立认知、抢占心智的抓手。

创建品牌最终目的是卖货，成为超级卖货的品牌是创建品牌的出发点。不要把品牌想象得太复杂，也不要神话品牌创建的复杂程度，只要抓住品牌创建的本质原理与正确的方法论，剩下的就是一个字——干！所以，超级品牌就是超级销量，就是超级变现。**无论是畅销全球的百年品牌，还是快速崛起的新兴品牌，唯有品牌才能掌握流量主权。尤其是极度竞争的加速，那些能成为超级品牌的企业才是超级流量的制造者与变现者。**未来，谁掌握流量主权，谁才有话语权，因为流量主权的本质是抢占用户心智"产权"，在用户心智中实现"预售"。

2.四个目标：卖得多、卖得快、卖得贵、持续卖

一个纵横江湖几十年的武林高手，凭借的绝不是运气。我们知道，武术不仅要快，还要准，更要狠，这样才不会被对手干掉。这和企业创建品牌如出一辙。创建品牌的目标并不是只有一个，而是包含着四个层次：卖得多、卖得快、卖得贵、持续卖。

能管理十个人你是班长，能管理三十人你是排长，能管理一百二十人你是连长，管的人越多，职位就越高。这与企业销售产品是一个道理。产品能占领一个县，你是县级品牌，能占领一个市，你是市级品牌，如果能占领一个省那就是省级品牌。我相信任何一个企业家都想把自己的品牌创建成全国知名的品牌，甚至是名扬全球的世界级品牌。比如，购买轿车时大家都想买宝马、奔驰，那么这两个企业就是世界级品牌；再比如，大家都想买华为手

机、都用微信，那么这两家企业就是名牌企业，因为普及率高，市场占有率高，产品自然会"卖得多"。

当企业的产品刚上市，就被客户抢购一空，甚至还没上市，就有客户早已等着购买，即使等几个月也要买到这个产品，这就是"卖得快"。相信每位企业家都想达到这种程度，比如小米手机上市前几个月，雷军会告诉客户小米手机有多好多好，引得大众都想拥有这样的手机。所以当小米手机一上市就被抢购一空，人们管这种产品销售方式叫饥饿营销。但不管怎么说，厂家的库房里没有存货，更不是好几年也销售不出去的滞销品。

一瓶普通葡萄酒不过十几块钱而已，而一瓶1982年的拉菲竟然高达五六万元。理由是这一年的雨水少，葡萄的质量好，阳光照耀的时间也长，葡萄的甜度高，产量只有十八万瓶，波尔多出产的葡萄酒本来就有名，再加上广告、影视等的宣传，它的身价自然扶摇直上。

一瓶普通香水（100毫升）大概几元或几十元，而一瓶100毫升装的香奈儿竟然高达1200元。例如一款名为香奈儿可可小姐的香水，其宣传语是这样写的：以现代的方式诠释香奈儿女士性格的另一面。低调优雅相对巴洛克式的华美，如同黑白对比的冲击。清新且感性，可可小姐是献给年轻女性的全新香水，代表有深度、性感、积极，并对自己的生活感到满意的都会女性。

一辆普通轿车的市价大概是六七万元，一辆第八代劳斯莱斯幻影则要一千一百多万元。其在宣传中积极倡导：基于坚固的车身架构，全新劳斯莱斯幻影搭载顶级空气减震的舒适底盘，将给客户带来无与伦比的魔毯般的驾乘体验。幻影堪称世界上最安静的车，为了打造世界上最安静的汽车，劳斯莱斯倾尽全力：包括6毫米双涂层隔音材料、使用有史以来最大的铸铝部件确保隔音效果以及使用高效吸音材料等。

不管是葡萄酒、香水还是汽车，只要品牌足够给力，其价格也会是世界级的。总结而言，就是"卖得贵"。

在同一个地方第一次摔倒是意外，第二次摔倒是故事，第三次摔倒是悲剧。因此，如果客户购买了一家企业的产品，使用后感觉有一点儿不那么称心如意，那么他下一次再也不会购买你的产品了。如果客户购买的是一辆国产轿车，稍微出点问题他都会抱怨轿车的质量不好；如果他购买的是一辆布加迪，碰到故障时可能会想：是不是被人骗了买到冒牌车了？或者是我的操作有什么问题？绝不会怀疑品牌有什么问题。他自己买了一辆名牌车后，也会推荐朋友购买。那么你这款产品不仅今年卖，明年还卖，后年再接着卖，这就是"持续卖"。很多企业家，包括我在内，都会千方百计地想生产出一款能够持续卖的产品。

虽然没有品牌产品也能卖出去，但是希望用户持续购买，甚至推荐别人购买时能找到你，就必须给用户一个找到你的路径，这个路径就是品牌。**品牌解决了用户的信任问题，形象与价值统一的问题、用户决策成本最小化问题，还有我愿意成为某个品牌的粉丝，甚至是品牌的崇拜者，哪怕贵一点我也心甘情愿，这样就为卖得多、卖得快、卖得贵、持续卖提供了路径与条件。**

言归正传，企业家梦寐以求的品牌创建，无非就是以上的四个目标，此外别无他求。

超级品牌全景图：新一代品牌创建方法论

时代在变，用户在变，品牌创建的路径、原理与指导思想也在发生巨大的变化。过去创建一个有影响力的品牌可能需要30年、50年，甚至上百年，今天创建一个有影响力的品牌可能只需要三五年。掌握新一代品牌创建的方法论，可以让企业少走弯路，实现低成本快速创建品牌。

基于我们对上百个案例的咨询实践，帮助众多企业创建了品牌，这些企业中有B2C也有B2B，品牌从0到1，也有老品牌升级，**我独创出一套贴合中国本土新一代品牌创建的方法论，称之为"建在战场上的作战全景图"**，如下图：

超级品牌全景图
新一代品牌创建方法论

品牌照亮生活，让世界变得更美好

品牌路演变现应用：产品、招商、融资、事业、卖货

品牌价值可感知系统：整体创意设计 + 品牌触点体验设计

| 产品 | 定价 | 渠道 | 传播 | 团队 | 资源 |

品牌文化体系：定位、愿景、使命、价值观、精神、价值主张

品牌双核系统：人——谁是我们的核心人群；价值——提供什么核心价值

品牌根基：以赢取人心为战略导向——品牌是为人服务的

创建超级品牌如同建筑一栋房子。有了牢固的基础，建造起来的房子才能经得起风吹雨打。有的企业家认为，办企业创建品牌是为了赚取更大的利润，并让企业一年一年地发展下去，这没有错。但办企业的本质并不限于此，包含着更深的层次，因此我把它作为基础，那么第一层的基础便是以获取人心为战略导向，品牌是为人民服务的。

第二层基础便是创建品牌双核系统，这里面有两个关键词，一个是"人"，另一个是"价值"。"人"就是谁是我们的核心人群，"价值"就是提供什么核心价值。

第三层是品牌文化体系的创建，包括定位、愿景、使命、价值观、精神、价值主张等方面的内容。

第四层的内容包括产品、定价、渠道、传播、团队、资源，我称之为"品牌的六根支柱"。

第五层就是品牌价值可感知系统，包括整体创意设计和品牌触点体验设计。

第六层是品牌路演变现应用，包括产品、招商、融资、事业、卖货。

第七层是实现品牌的意义与价值，即：品牌照亮生活，让世界变得更美好。

"小巨人"欧帝洁：

深耕健康沐浴领域，用专业成就品类冠军

2020年12月30日我在广州举办"品牌变现"私董会，中场休息时，有位很"精致"的男士主动找到我，对我说："付老师，我想让每一位中国人都享受健康沐浴带来的高品质生活，我的品牌需要您的助力！邀请您一定到我们企业去考察，帮助我们进行项目打磨，品牌升级！"我对这位精致、充满激情、真诚的企业家产生了强烈的好奇心，这位企业家就是欧帝洁集成热水器品牌的创始人易栋先生。我们很高效地在2021年1月17日达成了品牌路演战略咨询合作。

一、找准欧帝洁的战略定位：从卖产品到卖健康沐浴解决方案，再到卖健康沐浴文化

企业很多时候的沉没成本是对未来发展方向的迷茫与焦虑。通过调研走访，我们发现欧帝洁的产品品质在同行业中是比较有竞争优势的，但在终端又很难和竞品形成价值区隔。我们发现欧帝洁存在的一个巨大问题：严重的产品思维与厂家思维，对未来的发展模糊。怎么办？找准战略定位，清晰发展方向是当务之急。

随着国民生活水平的不断提高，人们对健康的重视日益提升，

越来越多的人迫切地想得到健康的生活方式，健康沐浴也被大众提起和重视。过去，沐浴对于用户来说是一种必须完成的标准动作。如今，沐浴对于新一代的用户来说更是一种追求和享受，单一的传统沐浴方式已无法满足消费主力军的多元化、个性化需求，多重因素影响消费者沐浴体验，健康沐浴革命一触即发。

现代人不再把沐浴看作是一种简单的洁身程序，而是借助沐浴消除疲劳、舒缓身心，并赋予沐浴温馨、健康的新概念。在浴室中洒几滴香水，放些轻松优美的音乐，或者放上一束干花，借着沐浴时难得的独处时间和空间，让身心达到最大限度的放松。如今的沐浴方式可谓五花八门，人们在沐浴时融入了越来越多的健康新理念，沐浴成了一种既充满情调又保健美容的新享受。

我们站在欧帝洁的过去、现在和未来的维度，为欧帝洁找准战略定位：从过去卖产品转化为卖健康沐浴解决方案，再到未来卖健康沐浴文化与生活方式。

这样就形成了欧帝洁品牌全新的战略定位：中国高端健康集成热水器专家。

二、梳理品牌文化，为欧帝洁种植品牌资产基因，让品牌保值增值

在竞争早已白热化的热水器市场，各大品牌纷纷出招，誓从这个广阔的市场中分得一杯羹，于是，同质化、低劣化产品层出不穷，最终结果往往不尽人意，甚至两败俱伤。如何才能满足广大消费者挑剔的审美和健康追求成为很多商家"挠头"的难题。很多企业开始从渠道思维转向用户思维，寻求突破和发展。这时候考验的不仅仅是企业的实力，更考验企业家创建品牌初心与品牌文化的社会责

任导向。

通过与欧帝洁两位创始人、营销团队、一线员工、代理商和终端用户的深度访谈，我们挖掘出了"欧帝洁宝藏"，梳理出欧帝洁品牌文化，我们称之为事业理论。

> 欧帝洁品牌愿景：传播健康沐浴文化，让每一个人的身心灵更健康，生活更美好
>
> 欧帝洁品牌使命：始终坚持做真材实料，感动人心的好产品，成为受人尊敬的伟大品牌
>
> 欧帝洁品牌四大价值观：为用户创造价值；健康而富有创造力；积极乐观的生活态度；体验爱的力量
>
> 欧帝洁品牌哲学：欧帝洁始终关注人的健康，以让每个人享有健康和高品质的生活为追求，以工匠精神打磨产品，以原创设计智造健康、安全以及体验感极佳的健康沐浴新生活，与用户一起共筑卓越人生
>
> 欧帝洁品牌精神：向拼搏者致敬

一个品牌有了文化就有了"根"，有了文化就有了灵魂。欧帝洁的品牌文化对内让员工产生了奋斗的动力与工作的自豪感，对外让代理商感受到了品牌的温度感与品牌的价值感，也让终端用户体验到欧帝洁的品牌情感价值，增强对品牌的信任度。

面临市场冲击和挑战，欧帝洁结合品牌自身基因，打造独属于品牌自身的文化特色，欧帝洁更是以"传播健康沐浴文化，让每一个人的身心灵更健康，生活更美好"这一品牌愿景，表明欧帝洁重

新定义新时代健康沐浴的决心和宗旨，也成为欧帝洁品牌在同品类中脱颖而出的关键之一。

三、持续投入技术研发，做出极致产品是欧帝洁人的品牌信仰与一贯追求

欧帝洁品牌创始人易栋先生是乔布斯的"粉丝"，易栋先生与联合创始人蒋朝文都是"视产品品质为生命"的人，对产品细节不断打磨，为了让用户拥有极佳的沐浴体验，不断进行技术投入，以"三高"为目标，让产品实现高端化、高科技、高质量的智能产品稳稳地立足于集成热水器行业前列。更是依托自主创新的技术、成熟的产品、完善的服务体系，依靠专业取胜，成为品类冠军。

在科技研发上，欧帝洁集成热水器专业研发团队坚守科技创新，主动顺应市场发展趋势，挑战行业难点，满足消费者多样化需求。每年上亿元的科技研发投入，欧帝洁不断挖掘新材料并创新应用，众多国家专利证明了欧帝洁在科技创新中的不遗余力。看似一个小小的技术点，都是背后的研发团队夜以继日、不懈努力的成果。欧帝洁匠心打造精品，用科技与品质守护健康沐浴，打造出属于自身的产品特色。

自1998年创业至今，欧帝洁已荣获"广东省高新技术产品""中国节能产品""中国家居产品影响力品牌""中国家电行业磐石奖卓越品质奖"等35项荣誉，彰显品牌实力与科技实力。在多年的研发过程中，欧帝洁先后获得国家颁发认证的专利高达28项，其中涵盖外观专利、实用性专利及完全自主研发专利产品认证，率先获得集成热水器"高新技术产品"，目前在行业中欧帝洁专利数量遥

遥领先。

为什么欧帝洁能收获如此多的认可和专业成果？除了科研研发的投入，还有一部分原因是欧帝洁始终坚持用过硬的科技实力为用户解决顽固的难题。欧帝洁用实力证明，用品质验证，打造品类中的冠军，以专业赢取消费者的信任，满足用户的更高需求。欧帝洁重新定义活水健康沐浴新时代，活水专利技术热水器的推出，更是把热水器的标准推向一个新的制高点，推动中国人的沐浴革命向前发展。我们建议欧帝洁把"活水集成热水器"作为产品战略方向做深度，聚焦产品方向，聚焦"活水"价值，聚焦用户体验。

2021年上半年，在受疫情影响的情况下，短短6个月，欧帝洁专利活水热水器的销量已突破50000台（对于集成热水器这个非常细分的品类，这个销量是非常可观的）。通过品牌文化重塑、聚焦超级单品、超级路演大会新式营销策略的赋能，欧帝洁2021年上半年增长率同比达到126%。如今，欧帝洁活水集成热水器已成为千万家庭的沐浴安心首选。

为了配合欧帝洁品牌营销，我们帮助欧帝洁策划了"中国人的沐浴革命论坛"以及协助撰写《中国人的沐浴革命》宣传手册，传播健康沐浴文化，赋能欧帝洁品牌价值，打造品牌新势能，对品牌进行文化营销、价值观营销与教育营销，让欧帝洁品牌深入人心，从而赚取人心红利，通过品牌价值持续变现。我们帮助欧帝洁创意策划了2021年3月20日超级路演大会，也称之为"320会议"，这次会议进行了欧帝洁新品牌战略与超级单品的发布，在欧帝洁的合作商中产生了强烈反响，是欧帝洁发展史上一次重要的会议，更是欧帝洁迈向超级品牌的时代宣言与战略部署。

对于未来的产品研发，欧帝洁表示会始终坚持以用户需求为导向进行技术体验创新，在持续加大研发投入中不断推出新产品，在攻占用户痛点中将产品性能与服务体验做到极致，以严苛的品质要求为消费者提供优质产品，为用户营造更加舒适、健康、智慧的沐浴生活体验，用更高品质的产品引领行业进步。欧帝洁将坚持做真材实料，感动人心的好产品，为中国人的沐浴提供非凡体验，让中国人享受更加高品质的沐浴健康新生活。

欧帝洁品牌创始人易栋说："欧帝洁在快速的成长中，还有很多需要改善的地方，对于所有人的意见和建议，我们都会心虚接受，直面问题，强大自己，改善问题，以匠人标准打造国货精品！"

解疑答惑：2B企业如何做品牌？

我们在为企业提供咨询服务的过程中，经常遇到这样的问题：2C企业创建品牌在人们的意识当中是天经地义的，而如果一家2B企业要做品牌打造，多少让人心里犯嘀咕，到底要不要进行品牌创建？

打一个不太恰当的比方，2C企业好比小孩子，2B企业好比大人。小孩子有小孩子的天地、与人交往的方式，大人有大人的生活空间。大人不可能像小孩子那样只关心吃喝玩乐，他不仅要自己在社会上活得有模有样，同时还得为整个家庭负责，他也需要有自己的部分空间，比如工作之余与朋友一起喝喝酒打打牌，一起洗个桑拿蹦个迪什么的。所以，2B企业也是需要创建品牌的，但它创建品牌的方式与2C企业是完全不同的，这是因为2B企业面对的是企业、事业单位或政府机关，2C企业面对的则是个体消费者。

2B企业创建品牌的一个核心：从卖产品到卖解决方案

从简单产品提供者进化到解决方案提供者，产品是解决方案的组成部分，如果仅仅卖产品，拼到最后就是价格血战。2B企业品牌要具备"咨询培训业"的基因，要能为价值链企业提供咨询、培训的服务与功能。

近三年来，中国激光行业有一匹黑马企业——无锡庆源激光，我们从2018年开始为这家企业提供咨询服务。在我们服务前，庆源激光就是简单卖产品，拼价格，通过调研诊断后，我们为庆源激光重新进行战略定位，让庆源激光摇身一变从原来的"激光设备生产商"转变为"中国制造业效率提升解决方案服务商"，并进行一系列的配套落地服务。

2B企业创建品牌要注意以下几个方面：

1.重视品牌价值传播

2B企业多数是现场活动，品牌传播的功夫是花在线下，例如营销市场、展厅展馆、品牌宣传等，增加与相关人员的交往。其实，单一的品牌升级与形象设计早已落伍了，身心合一才是创建2B企业品牌的正道。

2.找准战略定位，实现业务最优组合，依靠本企业媒体发声

不用多说，任何一家企业都懂得如何制造舆论，通过不断宣传创建起自己的品牌。2B企业品牌宣传要依靠本企业媒体，打造渠道健全、响应速度更快、内容更吸引人的媒体宣传方式，利用一切可以利用的传播渠道。总之，在品牌传播方面，2B企业要向2C企业取经。

诚然，与其他企业品牌创建一样，2B企业也需要把一些可能利用的媒体平台，从单一的公文样的信息发布改成与客户互动的方式，需要创建突出个性的品牌，宣传方式方法上要充分体现人格魅力。通过内容宣传，企业可以快速创建出自己的品牌。

3.创建本企业宣传系统

持续提升客户的信任度是宣传工作的重中之重。加强企业与外部品牌的洽谈合作，利用媒体一切可行的方式加强外部舆论环境的引导，持续宣传企

业发展前景和产业报告，多宣传企业近期业绩，尽可能在目标受众中引起最大的反响，为企业品牌创建打响第一枪，并持续为企业品牌发力。

4.营销模式不断创新

2B企业大多依靠营销人员实现销售，简单粗暴的人海战术模式早已不适应时代所需。营销模式的创新是2B企业品牌创建过程中的决胜点。我们提出"路演营销理论与战法"，实现"海陆空"三位一体营销作战模式，让很多企业取得了非常不错的战绩。

因此，2B企业的品牌创建过程中，要注重构建客户对企业从认识到认知，再到认同，最后完成认购的一系列反应，需要企业家及相关人员对行情及客户心理有深层的理解。总而言之，产品研究的是"货"，品牌研究的是"人"。换言之，2B企业创建品牌需要从"工厂思维""产品思维""功能思维"转向"研究人的思维""经营人的思维""赢取人心的思维"。

第二章

变现本质——
遵循超级打动原理

中小企业老板的"三个不重视"

多年来，在与企业家打交道的过程中，我发现了一个颇为神奇的现象：老板重视什么，企业的结果就是什么。身为一家企业掌门人，品牌能否发展壮大，实现可持续变现，很关键的一招就看老板重不重视。我还有个"宝贵经验"，我们的咨询方案是否落地得好，也跟老板重不重视有重大关系。

我总结了95%的企业掌门人有"三个不重视"，具体表现是：1.只重视"做"，不重视"传"；2.只重视"务实"，不重视"务虚"；3.只重视"理性"，不重视感性。

1.只重视"做"，不重视"传"

有轿车的人都知道，在高速行驶相对于一般马路要舒心，只要两眼盯住前方的路面及旁边的车辆就可以了。但是，一旦开到崎岖的路段或雨后的泥泞小路上，轿车往往会出现"走不动"的现象，这是两驱车普遍存在的问题。如果是四驱车也许不会有这种现象了。碰到崎岖路段或泥泞小路，加一下油门就会过去。

有些企业家也如汽车一样，始终都是"两驱"，他们只重视"做"——产品质量，而不重视"传"——品牌传播，也可以称之为"宣传"。

整个企业从董事长到一线员工，把全部注重点放在产品质量上，严格再严格，求精再求精，务必把产品打造得天衣无缝、滴水不漏，才觉得对得起企业，对得起自己的良心。他们认为应该如华为那样"优越的性能和可靠的质量是产品竞争力的关键。我们认为质量形成于产品寿命周期的全过程，包括研究设计、中试、制造、分销、服务和使用的全过程。因此，必须使产品寿命周期全过程中影响产品质量的各种因素，始终处于受控状态；必须实行全流程的、全员参加的全面质量管理，使公司有能力持续提供符合质量标准和顾客满意的产品"（华为《基本法》中的表述）。

当然，抓质量管理无可厚非，客户不会购买存在质量问题的产品，问题的关键是，质量并不是唯一的量度。**企业生产出一个质量过硬的产品，只是第一步，但不是最终目标，第二步要把生产出来的产品变现才是最终的目标，即把产品卖出去企业才能获得继续生存下去的机会和资本**。企业把产品生产出来，不能是放在仓库里就万事大吉了，还要把它投放到市场上，让客户去检验它，去使用它，你把该赚的钱赚回来了，员工们有工资发了，这才是企业发展的根本之道。

毕竟，在这个商品过度满足供应的时代，"皇帝的女儿不愁嫁"已经成为远去的历史了。企业生产出来的产品质量的确是过硬的，如果没有人知道，没有人埋单，只能证明你的企业完成了第一步，价值根本得不到体现。接下来第二步，**就是把产品卖出去实现价值变现更为重要**。基于此，企业需要尽快把品牌传播出去，让越来越多的人知道你的价值是什么，通过传播建立认识，抢占心智实现变现，蜂拥而来抢购你的产品才是王道。

否则，一旦遇到同行业的竞争，别人的产品质量并不比你的差，价格方面更具竞争力，那你只能如同"两驱车"那样，一遇到崎岖路段和泥泞小路就难以为继了。想让企业继续发展下去，没有其他的路可走，把自己的产品传播出去，如同把你自己从"两驱车"升级为"四驱车"。同行的竞争算得了什么？只不过是行进路上的几个小坑，一段泥泞小道罢了。

因此，我可以负责任地告诉那些只重视"做"，不重视"传"的中小企业家，别再犹豫了，赶紧学会两条腿走路，把"做"和"传"结合起来，你的企业才能脱颖而出，占得先机。

2.只重视"务实"，不重视"务虚"

酒文化是中华文明中非常灿烂的一种文化，渗透于五千年中国文明发展史。于是，工作之余约几个好同事或好友小酌一番，别有风味。然而，有一个人，每次大家聚会时他都自告奋勇，但一到结账就往后退，不是上厕所，就是假装喝醉了。等到有人结账了，他便立刻换上一副面孔：怎么能让你付呢，我付吧。大家听了只能会心一笑。终于有一次他一再声明要付账了，手在口袋里掏来掏去，却半天也掏不出钱。等急的服务员一再催促。有人站出来替他付完后，他掏出钱来，一边还不停地抱怨自己的钱怎么掏不出来。太虚假了吧？

无论是酒桌上还是在日常社交中，碰到这样的人，大家都会躲得远远的。我们所强调的"务虚"绝非此类。

中国人在农耕文化时期就形成了朴素的务实精神，讲究实事求是。创建品牌同样如此，干实事，解决实际问题，务求实效是创建出优质品牌，让企业前景广阔的基本套路。

不少企业家为了创建一个品牌，全部精力放在了打造品牌的核心竞争力方面，忽视了"务虚"，比如造势、借势、广告宣传和营销推广等方面。

品牌在还没有普及大众的时候，要想在短时间内让天下人尽皆知，就离不开造势。品牌造势的例子比比皆是，比如小米先"养粉"，然后通过内容营销，并让粉丝参与产品共创而一举成名。因此，我们说品牌造势需要曝光，目的是让你的客户以及潜在消费者都知道这是什么。

需要注意的是，造势前期最为重要的是先做好口碑。如果没有口碑，品牌造势越大，消失得越快。小米刚开始时就做极致性价比的产品，从而获得消费者的良好口碑，有了体验者的良好口碑，才会把这些口碑传递给未来的消费者，这就是积累品牌的势能。

品牌借势营销是把品牌隐藏在营销活动之中，把品牌的推广融入大众环境里，让消费者在不知不觉中了解品牌并接受品牌的营销手段。具体操作方法是，通过媒体占领消费者心智，借助他们自身的传播力，依靠轻松娱乐的方式让大家了解品牌。换句话说，就是通过顺势、造势、借势的方法，提高品牌知名度、美誉度，树立良好的品牌形象，最终达成产品销售的目的。

品牌广告宣传是以树立品牌形象，提高品牌的市场占有率为目的，突出传播品牌在消费者心目中能够占领一定的位置。例如，经典的品牌广告宣传语："强生——因爱而生""潘婷——闪出健康光彩""太太乐——高品质好滋味""金龙鱼——为健康中国加油""奥迪汽车——突破科技启迪未来""苹果手机——不同凡响"。

创建品牌的最高境界，是把务实和务虚相结合。务实，让客户获得感官感受；务虚，让客户产生情感依恋。如此一来，你不成功谁成功？

3.只重视"理性"，不重视"感性"

在我接触了解的企业中，比如中式快餐榜首安徽老乡鸡、高端中国茶第一品牌小罐茶、影响世界的中国家电领域常青树海尔大学、中国航空航天行业翘楚中航工业、中国排名前三的电动车品牌小刀、海内外销售第一名的中国重汽、中国激光行业黑马无锡庆源激光等，总结一下他们的成功，大多是把一个产品做到同行中最优，从而形成了消费者认可的品牌。这样，企业就会在品牌的带动下，出现强劲的势头。

然而，**不少企业家只重视"理性"——过度信任产品技术与功能**。如果你没有大到像苹果、特斯拉、华为这样的企业，还是一家快速成长中的企业，**我实话讲，你的产品的技术与功能同竞争对手相比基本没有差距，或者说，产品出生之日就是严重同质化之时**。对于中小企业来说，"产品为王"这个非常主流的观点，可能是个巨大挑战。很多"理性"的企业还有一个严重的误区，就是技术功能不是以"为用户创造价值"为出发点，而是自嗨式的"闭门造车"。

品牌让产品变得"感性"起来，比如重视包装设计，重视产品美学、传播美学、工艺美学，哪怕是做工厂，也可以让你的工厂变成一家具有生活美学的地方，人在这样的环境中工作，当然会赏心悦目。**新一代消费人群，是非常重视"颜值与美学"的一代，只具备"理性"的产品是很难打动人心的，必须让产品品牌化，工厂品牌化，办公品牌化，让"美与颜值"创造感性，从而性感！**

当企业在市场上拥有一定的品牌价值之后，企业管理者要赶紧行动起来，加大企业品牌的维护力度。其中的关键是，我们要认识到品牌价值包括"理性"和"感性"两个方面，"理性"是指产品类别、功能、品质方面能够满足消费者的理性需求；"感性"是指品牌文化、身份、个性等因素，这些特征能够满足消费者的情感需求。

企业经营会有很多不确定性，而消费者的心智却是透明的。如果企业家想让消费者对品牌产生"有价值"的心理，需要企业管理者根据消费者真实的需求对品牌进行升华，为这些人提供一个"无须怀疑的理由"。如果企业能够提供优质的产品，就能够吸引消费者对品牌产生忠诚的行为。比如安徽老乡鸡，人们愿意相信"老乡鸡"所宣称的品质，是因为"老乡鸡"视质量为企业价值观的核心，"老乡鸡"的基本目标就是以干净卫生、可口的食品、可靠的质量和贴心的服务，满足各位消费者的需要。

我认为，品牌是品质及消费者的信任、忠诚综合体现。如果企业能够与消费者建立起"一家人"的关系，无论企业推出什么样的产品，消费者都会争先恐后地前去购买，从而促进产品的销售。

品牌优势的体现，就是消费者的忠诚度。如果品牌不能够充分激发消费者的情感价值，他们对这个品牌就会置之不理，换言之，当品牌能够完美地体现某种优点后，就可以被消费者接纳和信任。这种信任也能延伸到品牌的价值上，为品牌和消费者之间建立稳固的桥梁。

品牌的"感性"是体现在文化上的。也就是说，企业家不仅要从"理性"方面满足消费者的需求，还要从"感性"方面去激发消费者的购买欲。理性需求是消费者购买产品的基本表现，关键是消费需求升级时，感性需求会起到决定性作用。消费者感性需求的满足源自文化的引导，引导到位才能更好地实现购买。所以，文化是企业创建品牌，提升品牌价值，构建品牌关系的必经之路。

一个充满文化质感的品牌，再通过企业文化的传播，对品牌起到了有效的推动、开拓、引导、鼓舞作用，品牌文化作为一种重要的手段，会让客户充满归属感、共鸣感，从而产生强烈的品牌竞争力。

如果企业家不仅重视"理性"，同时也重视"感性"，那么品牌就会水到渠成。文化是人们在长期的工作和生活中形成的一种精神烙印。通过人们的日常行为和语言就能体现出来，包括语言、行为、教育、思想观念、风俗习惯与禁忌等。这些积极的价值观一旦呈现在公众面前，会很容易引起强烈的共鸣。

品牌变现的本质是"心动感"

"吃饭品滋味，听话听后音"是老人们挂在嘴边的话，意思是看事情不能只看它的表面现象，如果你盲目地相信了，那你就吃亏上当了。聪明的做法是，一定要透过现象看到本质。

比如我们对外国人说"有空来家里吃饭"，外国人以为这是认真的，其实这只是中国人的客套话。

再比如，俄罗斯的牛肉特别便宜，但蔬菜价格很高；中国的牛肉价格很高，但蔬菜很便宜。如果你特别喜欢吃牛肉，可以到俄罗斯吃个够。为什么会这样呢？俄罗斯的天气暖和的时候很短，而蔬菜之类的在寒冷的地方是难以生长的。牛羊等动物冷点没关系，所以他们就大力发展畜牧业。而中国的气候暖和的时间长，又是一个农业大国，种植蔬菜很简单。

对于品牌变现而言，并不是随便就可以从消费者口袋里把钱掏出来，而是需要通过一系列的方式方法，让消费者心甘情愿地掏出钱购买你的服务，这种方法就叫让消费者产生"心动感"。

通过大量实践与在企业端的应用，我们总结出让用户产生"心动感"的5个方法：1.好产品的竞争力从"硬"变"软"；2.功能是标配，情感是刚需；3.商业进入"三美"时代：产品美学、品牌美学、路演美学；4.从"用户认知管理"到"用户情感管理"；5.企业家魅力打动原理。

1.好产品的竞争力从"硬"变"软"

企业从成立那天开始始终处于变化之中。有的企业一步一个脚印，一年年发展壮大，最后打造出超级商业版图；有的企业发展到一定规模后，由于某种原因，出现衰败现象，最后遗憾地走向破产，这类企业一般只注重于"硬"。

把企业的"软实力"——企业文化，变成"硬实力"——产品和品牌，应用到企业管理当中，就成为企业管理者的头等大事。于是不甘落后的企业纷纷群起而改之，这是前几年的事情。现在，那些头脑精明的企业管理者又在考虑如何把"硬实力"——优质产品的竞争力，变成"软实力"——为用户提供定向服务。

以前，企业在研发、产品、营销三个方面下大力气。消费者购买产品也是冲着规格、价格、功能三个方面去的。但是随着市场的发展，那种粗放的、批量式的生产已经很难满足今天的精细化市场需求，随之而来的是个性化定制，产品越来越美观，体积越来越玲珑。聪明的企业家发现了这个蓝海，并根据客户的个性化需求设计出一套行之有效的解决方案，由此大获成功。这就要求企业转变经营方式，**即从制造产品变身成设计产品。**

以前，企业生产产品是批量化，如制造的是电饭锅，就会有大量此类产品涌向市场，大家使用同一种型号，同一种规格的电饭锅。现在市场已经相对成熟了，饱和度较高，再用老一套办法自然难以为继。一是跟不上消费者的个性化需求，二是逃不掉同质化竞争的怪圈，企业发展仿佛一夜之间碰到了天花板。尽管可能会碰得头破血流，企业也要拿出勇气，付出代价，重建与消费者的联系。

近几年，大受人们喜欢的"小而美"产品不断进入生活当中，这就是消费者个性化需求的体现。这说明企业从批量化逐渐向重视小众化人群的需求，向消费者靠拢，一步步变得贴近人性化。

好莱坞大片一直给人们灌输的是机器人随着科技的不断发展，能够取代被结构化的知识，甚至比具有生命的人类还要聪明。但现实中的机器人远远达不到人类的智力，不能取代创造力，企业所具有的创造力将成为最有效的市场竞争力。比如方案设计、个性化生产等全新的企业运营，都是创造力在提供支持的，这就对企业提出了另一个高度的要求，**企业管理者的核心不再是管理，而是加油。** 为每一个具有创造力的员工加油，同时进行一场翻天覆地的革命，引入更加软性的方式，例如共同的价值观，能自由连接、信息透明、网状协同、目标共创。

现在，率先动手改变的企业在市场中大获成功，一大批火爆的 App 上市就是最有力的佐证，所有的这些成绩，正是来源于企业把好产品的竞争力渐渐从"硬"变"软"的体现。

2.功能是标配，情感是刚需

以前，品牌是品类，比如看到海尔两个字，就想到了冰箱；看到凤凰，就想到了自行车；看到蝴蝶，就想到了缝纫机；看到吉列，就想到了剃须刀。而现在的品牌是情感，比如品牌是姜太公钓鱼的鱼钩，贴心牌牛肉片，好情感牌睡衣，制造商已经开始让毫无感情的产品变成充满人情味的品牌。

以前的营销培训，强调的是对不同的文化素养、职业、年龄的人的管理，即"客户认知管理"。现在呢？在必要的沟通联系外，态度很重要，有品质、有温暖的服务能让客户感到心满意足，这就叫"客户情感管理"。与客户产生家人一样的情感，品牌是情感，在情感上让客户觉得你是"一条战线上的人"，比你拿着产品生硬地让客户接受，更容易让客户认可你。

一家刚成立的企业，做品牌推广时与其他企业一样也请明星代言，结果却不尽人意。虽然明星代言能够在短时间内聚集起人气，此时的你高兴得想跳起来。但是让你想不到的是，人气是属于明星的，没有了明星，人气也就消失了，人气没有与品牌产生一点情感连接，情感是给了明星，一点没有给产品。

后来，这位企业家经过失败的教训，终于想到了一个可行的办法，放弃高薪聘请明星，自己披挂上阵，于是就出现后来被很多家企业争相模仿的——"我是×××，我为自己代言"的公式。

以前的产品是通过品牌影响客户的，蝴蝶牌缝纫机好，大家都买这个品牌；凤凰牌自行车好，大街上到处是这种自行车。再后来，品牌就以打折的方式吸引客户，顾不上睡觉半夜就去排队等候，甚至有人把被窝也带到了排队现场，并把暖瓶碗筷也带来了。而今，客户不管企业生产了什么东西，只要我愿意，就赴汤蹈火全力支持你，不在乎风吹雨打或别人的冷嘲热讽。

数字化时代，品牌的情感体验远远超过功能体验的N倍。

你会发现随着数字化的一次次升级，个性需求越来越突出。在那个物质刚刚满足人们需求的时代，产品的功能是刚需，情感是标配。但是，时至今日，这个模式已经完全被颠倒过来了，变成**"情感是刚需，功能是标配"**。

珠宝商为一款婚戒命名为1314。这个品牌的钻戒很多人都应该知道，每对将要结婚的新人只能定制一枚，而且还要绑定手机号码，出示身份证及签订一份必要的协议，一生只能送一个人，终身不能更改。这款结婚钻戒之所以火爆，可以说购买这款钻戒的用户，都是冲着这个品牌的寓意而来的，因为它满足了真爱一生一世的情感诉求。

情感诉求是客户选择品牌的关键。如果品牌没有让客户有心动的感觉，那么这次交易基本难以达成，反之，如果品牌能够打动客户的心，他们很少会因为价格而放弃购买行动。所以，在数字化时代，品牌的情感体验远远超过了产品功能的体验。

曾几何时，武侠剧中的正面人物多是"高大全"的面貌，今天人们对种模式已经司空见惯了，反倒是更容易接受那些有缺点但不那么讨厌的人设。

你是否还记得电视剧《亮剑》中的李云龙？他脾气暴躁、不善与人交往、不讲卫生，他是我们眼中的"好青年"吗？不是，但他确实是一个叛逆的、独具一格的、疯狂地要打胜仗的人。

再看看苦难英雄任正非，他一手创建了伟大的华为，受人尊敬，为国争光。即便遭受美国的打压，依然挺直脊梁，自信前行，不气馁，不放弃！

人们会尊敬一个事业有成的英雄，却会爱上不完美、有瑕疵但正义热血的人。

重申一次，**在这个时代，品牌的功能体验已经过时了，情感体验已经悄然登场。换句话说，以往的品牌是为了建立认知，现在的品牌是为了与用户建立情感。**建立情感连接比建立认知难得多。即便再难，也要去做，因为那是通向未来的曙光！

3.商业进入"三美"时代：产品美学、品牌美学、路演美学

在研究全球商业史的过程中，我发现了一个规律：**一流的企业家创造一流的企业，铸就一流的品牌，顶级的企业家可以把一个走向衰落的企业变得欣欣向荣，重返商业之巅，无论品牌影响力还是股价表现，都会非常卓越。**

乔布斯，一位顶级商业领袖的典范，1997年重返苹果公司，带领苹果踏上商业之巅，开创智能时尚生活美学新时代，让苹果成为难以逾越的超级品牌。苹果的产品"酷"，苹果的品牌设计"极简、时尚"，苹果的营销采用"路演模式"，通过路演输出价值观，让产品、品牌形成人格化认知，通过乔布斯的个人魅力形成极强的魔力效应，**乔布斯把产品美学、品牌美学、路演美学三者合一，引发商业世界的核裂变。**我认为只有从这三个美学维度研究苹果，学习苹果，才能找到苹果踏上商业之巅的成功真因，拆开任何一个维度研究苹果，都很难学到精髓。

当今时代，中国商业正在加速进入"三美"时代：产品美学、品牌美学、路演美学。

①产品美学

我们说人有三观，人生观、价值观、世界观，拥有极致体验的好产品也

有三观，用户观、体验观、颜值观，具有三观者即为"产品美学"。

产品美学的"用户观"，要求在产品研发时要从厂家角度转换为用户角度，用户观明确了产品的角色与使命：产品是为用户服务的，是为用户解决问题的。研究透你的用户是谁，用户有什么痛点，用户在什么场景下使用你的产品，是建立用户观的核心操作点。

产品美学的"体验观"，要求在产品设计、场景设计中要符合人性，能打动人心。要让产品具有极致的体验感，让用户使用产品、接触品牌的过程觉得你的产品是懂他的，你的品牌是非常人性化，有温度，有情感的。

产品美学的"颜值观"，要求产品的工业设计、包装设计，品牌的形象设计等要具有高颜值，充满艺术之美、人性之美、表现之美。

擦肩而过一位美女，很多人会转身看一眼；一辆法拉利呼啸而过，不管多忙，大家也会看一眼。"爱美之心人皆有之。"这种美已经体现到产品上和品牌上。由于产品日益向个性化发展，而美学价值是产品个性化的重要标准之一。如在车展上，这家造的汽车美观，那家造的更美观；住宅小区的名字都往往冠有美学含义的名称，如"山水家园""大自然花园"等，都是从美学方面来提高产品价值。

正如戏剧的元素"意料之外，情理之中"，"时尚型、美学型"产品普遍受到人们的喜爱。这类产品之所以受到人们的追捧，主要是制造者精心研究过人们的审美心理。**那些"引人注目的产品"，往往是那些具有独特美学价值的东西，**如不同时期流行的包、裙子等。

②品牌美学

品牌通过品牌符号、品牌体验及用户的审美互动，最终使品牌溢价。换句话说，**品牌美学是研究品牌审美沟通的学科。**品牌美学对企业家而言能够节约成本，提高售价，获得更大利润；对用户而言，能提升品牌忠诚度，由此使企业在激烈的市场竞争中立于不败之地。

品牌美学是在品牌与用户之间建立情感连接。主要体现在两个方面：一是通过美的形式突出品牌；二是给用户提供独特的美感，这也会持续赢得用户的忠诚。

从用户体验方面来看，能为他们带来符合需求及人体工学的愉悦；在传播方面，能给用户带来高贵感；在空间体验上，能给用户心理上带来美的享受与意境感受，对品牌产生归属感。

③路演美学

一位企业家在一次路演中这样开头："每一个不同凡响的产品背后，都有一个美丽动人的故事，这就是我把这款产品带给你们的唯一理由。"当他讲完第一句话时，观众掌声雷动。因为很多人和他一样，都曾经经历过同样的艰辛，给这位企业家鼓掌的同时也是在给他们自己加油。

这次路演内容主要是市场分析、竞争优势以及财务预算，并增加了一些必要的数据及市场走势图，他要用事实去说服每一位听众，不是靠"忽悠"去骗人，这位企业家知道自己不是乔布斯，没有他那样的魅力，只能通过事实去感动别人。路演到最后时，他说："我不会跟在别人已经成功的后面去制造产品，一味模仿只能挨打，那是傻瓜才会做的事情。虽然我有点笨，但是我不傻，我要做一款别人没做过、大家都喜欢的产品，即使我为此拼尽所有的家当，我也会坚持做到。"

最后，全场的听众都被感动了，这位企业家带去的产品瞬间被抢购一空。

古往今来，不乏"路演美学"的践行者。孙中山先生是路演美学的实践者，他的言语之美、形象之美、气魄之美、幽默之美彰显领袖魅力；乔布斯、任正非、稻盛和夫、雷军、马云等都是路演美学的践行者……路演美学是集路演者的个人魅力、语言魅力与舞台表现融为一体，引发听众的情感共鸣，输出价值，引导到你想去的方向。

在这个"爱美"的时代，不论产品美学、品牌美学还是路演美学，目的只有一个，那就是运用一切资源、一切能力，让客户产生"心动感"，为品牌变现迈出坚实的一步。

4.从"用户认知管理"到"用户情感管理"

从幼儿到老年，是一个人的一生；从春天到冬天，是一棵草的一生……从"用户认知管理"到"用户情感管理"，是品牌变现所要经过的步骤。

一位优雅、高贵、知性的时尚女性，买衣服，会想到爱马仕；喝汽水，会想到可口可乐；买豪华汽车，会想到劳斯莱斯；买香水，会想到香奈儿；喝葡萄酒，会想到法国波尔多的82年拉菲……

为什么会这样？这就是品牌对大众长期洗练的结果，而经过长期的认知及体验，人们知道这些商品都是世界上最好的品牌。用一个经管的概念解释是"用户认知管理"，即通过个体思维对信息进行处理，从而形成一种固有的模式。让人们产生这样的结果，无论是硬广告还是软宣传，或是其他途径，企业会想尽一切办法让你对产品有一个全面完整的认知，从而实现品牌变现的目的。

对于数字化的今天，这种方法已经行不通了。企业派员工在大街上发广告，那是20世纪的行为；把广告投放在电视上，已经少有人看电视了，电视的功能被手机取代，毕竟手机既便于携带，又有丰富多彩的内容，这就使得"硬广告"渐渐失去效力了。

对企业而言，天无绝人之路。企业家很快找到了另一个办法。

之前的企业管理讲究的是，员工要服从企业下达或发布的任何目标、制度，一段时间之后，管理者发现没有从根本上改变员工的行为，当面一套，背后一套。于是，管理者又发现了一个新的方法，那就是与员工共荣辱同命运，并以真挚的态度，与员工进行情感联系。谈心就是增加情感的一种方式，通过沟通了解到员工真正的心理需求，然后再给予满足，形成和谐融洽的关系。企业管理者对员工实施的不是以前那种命令式的，而是动之以情，晓之以理。这就是"情感管理"。

管理者把企业目标与员工心理目标连结起来，当企业目标实现时，员工的目标也得以实现。情感管理的最终目的是协调好企业与员工之间的矛盾，谋求双方共同发展，为同一个目标而努力。

情感管理体现的是管理者的亲和力，核心是激发员工的能动性，通过情感的连接，实现有效管理。而今，**这种企业管理方式被巧妙地移植到了品牌变现上，名称是"用户情感管理"。个性化服务、人性化产品设计、定制生产……今后必定还会衍生出更多的方法。企业完全是把用户当成亲人一样对待，而用户对此也表示出极大的兴趣。**

有企业就有江湖，有产品就有竞争。今天的市场竞争不再是以前的商业模式之争，此外还有人才、资源和资本的竞争。归结起来，竞争的核心是用户。谁能把用户的情感把握到登峰造极的程度，谁就会成为未来的王者。

5.企业家魅力打动原理

网上经常会看到这样的帖子：中国应该多一些像曹德旺先生这样的企业家，我是年轻人我觉得曹德旺才是我们年轻人的榜样，把一片玻璃做成世界第一；乔布斯就是我的偶像，极致的匠人精神实在是令人着迷；我喜欢董明珠敢做敢当敢说，一个女性能像男人一样战斗，我喜欢她的这种风格；我买小米手机就是因为雷军，朴实厚道……以上这些都是对企业家魅力的欣赏与认同。企业家魅力是未来一种强大的变现指数与要素组成。

在知乎上，还有一个"中国企业家魅力指数排名榜"（该内容来自知乎"天神爱上你"）

《中国企业家魅力指数排名榜》

根据市场调研、大数据分析、慈善事业分析及综合能力分析，2021年排行榜：

名次	姓名	企业名称	魅力指数
第1名	雷军	小米集团	98分
第2名	任正非	华为公司	95分
第3名	王健林	万达集团	92分
第4名	许家印	恒大公司	90分
第5名	曹德旺	福耀集团	88分
第6名	周鸿祎	360公司	85分
第7名	董明珠	格力公司	82分
第8名	阎志	卓尔集团	80分
第9名	刘强东	京东公司	78分
第10名	马化腾	腾讯公司	75分

有"争议"的董小姐

敢想敢干，有能力有担当，这是世人对董明珠的评价。让大家对她刮目相看的是，她从一名普通员工，一步一步升任格力集团董事长。成功励志的传奇故事，加上她雷厉风行的工匠精神，造就一个有魅力的女企业家。尤其是与雷军一次十亿元的豪赌，让她成为最有魅力的网红之一，被大家亲切地称为"董小姐"。接下来的惊人之举是她斥资280亿元为8万名格力员工建房，更是让她赚足了关注。

董小姐不在意别人称她为网红。2020年，董小姐用13场直播带货476亿元，成为名副其实的"带货王"！极具个人魅力的"董小姐"天然自带流量，通过十多次直播为格力打通了线上卖货的渠道。在格力的分销商城亲自开了一家"董明珠的店"，甚至为了宣传自己的店，还将自己的微信头像换成了店铺的二维码。董小姐底气十足地表示："格力想要做到6000亿元的营收并不是天方夜谭。"

董小姐有如此胆量，凭借的就是个人的魅力，而客户也情愿被她的魅力所打动，从内心就很佩服她。格力变现速度如此之快，大部分得益于董小姐的个人魅力打动了客户，格力也因此成为空调行业老大。与董明珠拥有同样魅力的，还有一位，那就是宁波方太厨具有限公司董事长兼总裁茅忠群。

自1996年创立以来，茅忠群立志把方太打造成"中国家电行业第一个高端品牌"。他的办公室挂着一幅书法："仁智勇"。这彰显了茅忠群是深受儒家文化熏陶的企业家。

在管理方太的过程中，茅忠群十分重视"人"的元素，就是重视合乎"仁"的人性。他所倡导的是：中庸不是平庸，不是没有原则的平均主义，更不是束缚手脚，而是一种不偏不倚、恰如其分的"适度"。要真正做到"以道御术"，就是要让管理符合"仁义"的要求。他最喜欢的一句话就是"道之以德，齐之以礼"。方太要启发人们心底的善良，让人们发自内心地谦和礼让，把事情真正地做好。

方太鼓励员工每天上班后，先读15分钟《中庸》《大学》《论语》等经典书籍，再去工作。企业特别设立了孔子堂，作为大家学习中华优秀文化的场所。

仁爱之心，必有善果。在"精益求精，仁者爱人"的理念下，方太涌现出很多的感人事迹。

"为了亿万家庭的幸福"，方太立志成为一家"顾客得安心、员工得成长、社会得正气、经营可持续"的伟大企业。

与董明珠有着异曲同工之妙的是，方太之所以会在厨具行业做到第一，其因素大多是来自茅忠群所倡导的儒家文化，是这种企业家的魅力打动了用户，打动了方太的品牌合作商，增强了方太品牌变现的能力。2020年，方太营业收入达到120亿元。

我要特别把这句话送给企业家："**企业家魅力是一种稀缺资源。**"新一代企业家要充分重视塑造自身魅力，从形象到内在，从沟通到路演，要彰显自身的魅力人格体，释放魅力的吸引力与魅力入心的心动感。企业家魅力更是实现超级变现的核武器。

2021年8月10日晚，雷军进行了长达2小时51分钟的"我的梦想，我的选择"年度路演。这次路演吸引了企业家群体、用户群体，当然还有竞争对手群体的集体关注，金句名言不断，当然还有重磅新产品的路演发布。年度路演结束，全渠道首卖销售额1分钟变现突破3亿元，这就是"雷军魅力"的又一次超级变现。

超级打动原理16字法则

"良言一句三冬暖，恶语伤人六月寒"虽然朗朗上口、简单易记，但其情感意蕴相比"当你处于人生低谷时，有人会为你支一个有用的招，有人会在你身边时刻陪伴着，有人会给你递上一杯热茶、一碗热饭"稍有不足。

品牌营销已经不像以前那样，仅凭几句话就能够把客户感动得梨花带雨。好的品牌营销要处处想客户之所想，才能让他们心动。这就是超级打动原理，包含"情感共鸣、价值我需、符号记忆、持续重复"十六字法则。

1. 情感共鸣

"余捉蟋蟀，汝奋臂出其间；岁寒虫僵，同临其穴。今予殓汝葬汝，而当日之情形，憷然赴目。予九岁，憩书斋，汝梳双髻，披单缣来，温《缁衣》一章；适先生奓户入，闻两童子音琅琅然，不觉莞尔，连呼"则则"，此七月望日事也。汝在九原，当分明记之。予弱冠粤行，汝搞裳悲恸。逾三年，予披宫锦还家，汝从东厢扶案出，一家瞠视而笑，不记语从何起，大概说长安登科、函使报信迟早云尔。凡此琐琐，虽为陈迹，然我一日未死，则一日不能忘。"

以上出自清代散文家袁枚的《祭妹文》。通过短短的一段文字，字里行间透露出兄妹间的无限情深，读来让人潸然泪下。这是作者通过文字与读者产生情感共鸣的极好例子。

近几年，为什么大家对好莱坞的电影冷淡了起来？它们的导演、演员及剪辑、配音、置景比以往更加认真，特效更加逼真，场面更加宏大，爆炸连连，血肉横飞，但观众却无动于衷。究其原因，是缺乏代入感。这就是国内观众纷纷转身日本、韩国电影的原因，比如《入殓师》《孩子别哭》，让观众产生强烈的共鸣感，唏嘘不已。

其实，完全没有"瞬间拉近情感的灵丹妙药"，而是"与你有共同的经历、相同的心态便会让你情感共鸣"。彼此间有同样的处境，一样的地位，相同点越多，越容易产生相同的情感，这就是情感共鸣的本质。

而今，在品牌变现的过程中，聪明的营销者已经深谙此道。他们通过情真意切的表述，展现对客户的关爱。客户能够充分感受到品牌的真心实意，情感共鸣也就自然而然地产生，进而完成品牌变现的程序。

某电商积压了很多运动鞋，如何卖得出这些货物，成为他最头痛的事。经过朋友和亲戚的劝告，再加上自己在其他网站上的浏览，他的设想出炉了：

用运动鞋将毕业季的情感具体化，以此给无数毕业生加油。"每个人的青春都是双运动鞋，每双运动鞋都将丰富多彩。"他把运动鞋看成青春懵懂的毕业生，看成无限可能的毕业生。

心动之后是行动。他通过朋友很快找到拍摄短片的人员，生动刻画了一批即将毕业的学生脚穿运动鞋参加面试时身体及面部表情的变化。之后就投放到各媒体平台。

同时，启动线下宣传活动。在地铁站进出口，安排一些脚穿运动鞋的毕业生和一些网红当年穿过的运动鞋放置在一起进行展览。

别出心裁的营销让很多人都产生了情感共鸣。这种积极向上的变现方式让观众瞬间对运动鞋产生好感，电商的形象大大提升。

超级打动原理是站在用户的角度，激起用户的情感需求，引导他们在情感上产生共鸣，寓情感于品牌变现之中，让商业行为变得有情有义。在数字化时代，影响客户实现购买的决定性因素不再是质量和价格，而是一种感情上的需求，心理上的满足。

2.价值我需

朋友老包其实并不老，只不过大家习惯于这个称呼，叫着叫着就成现在这样了。好在老包并不生气，叫什么都行。

老包有个习惯，就是喜欢搜集杯子。有一种瓷杯，杯外面写有"春夏秋冬"字样，并配上看起来憨憨的卡通图画。他已经搜集了"春夏冬"三个杯子，"秋"杯却一直没有找到。有一次，我们一起到新疆旅行，偶然逛到一个集市，碰到了"秋"杯。但我们手里的现金已经花完了，卖杯子的老大爷不会使用微信，只收现金。老包问过价格后，居然决定马上回酒店取钱。为了防止发生意外，他竟然让我在寒风中留守，苦等他一个多小时。

杯子到手后，老包无暇顾及我的冷暖，只顾得拉着我陪他一起高兴了。

一个在别人看来平平常常的瓷杯子，但在老包的眼里却如获至宝。该怎么解释他这种心态呢？我想了几天也没想出个所以然，最后只好套用"价值我需"这句商业用语。

朋友小苗比我大两岁。别看年龄大，他做的有些事根本不像这个年龄段能做出来的。我们这个年龄段的人一般都上有老人，下有儿女，中有妻子，说话做事都有分寸。小苗可不一样。

一天，我们从一家酒店出来想打车到机场去另一个城市办事。不知道怎么回事，竟然始终打不到车。趁我忙着打车的时间，小苗看上了路边摊的一盆红珊瑚，近八十厘米高，小苗非要买。我劝他，我们是要到其他城市办事，不是去旅游观光，抱着那么高的珊瑚跟客户谈事情，人家怎么看你？然而小苗不听我的劝告，执意买了这盆红珊瑚。没想到下飞机时坐摆渡车，一不小心给摔坏了，小苗心疼不已。

小苗的这种行为完全符合冲动型消费的特征，事先根本没有购买计划，只不过偶然碰到了，觉得商品很漂亮，就不管不顾地购买了。对于企业而言，这正是最希望遇到的客户，因为这类客户在购买商品时不会有过多的考虑，头脑一发热就买了。这也是属于"价值我需"类型的客户。

一个朋友的妻子特别喜欢反季购物，比如冬天购买夏天的裙子、凉鞋、防晒霜、化妆品等；夏天购买貂皮、羽绒服、长筒靴、棉围巾等。她手里一有钱就想着买这个买那个，买得家里衣柜、鞋柜、化妆品柜都装不下了，还是停不了手，因为往往是到了季节又会出现新的物品。有朋友到家里去拜访时，他妻子总会把手油、口红或裙子送人。朋友不止一次地提醒她，她的回答是：我就喜欢购物怎么了？一副理直气壮的神情。

朋友的妻子也是属于冲动型消费，不管实际需要不需要，只要看上了就买。而商家已经研究透了这种"感性"远大于"理性"消费人群的心理，并把这种营销方式深深隐藏起来，悄悄地进行。

3. 符号记忆

"用符号代表文字，表示方法，标出重点，区分范围，以达到记忆的效果。各种符号的特点是形象化、别致，具体样式有线、点、弧、圈、钩、角等，以及它们组合变化的符号。有时画了符号，再配上红、蓝、黄、绿之类色彩，或少许文字、数字，则更可引起注意，以加强记忆。"

以上是对符号记忆法的解释。人们在现实生活中经常运用这种记忆法。

比如，即使你没有到过非洲，没去过俄罗斯，只要你看到人，马上就能知道他是非洲人，还是俄罗斯人；在国内，你也能很容易分辨出广西人和四川人。因为他们在你日常记忆中已经有很深的印记了。

比如，我们看到一辆大卡车，通过外形就可以分辨出它是解放牌卡车还是东风牌卡车。看到一辆轿车，也能够知道它是法拉利、劳斯莱斯还是宝马、奔驰。是因为我们熟悉这些车的外形及标志。

解放牌卡车的品牌标志是一个椭圆形当中有个分解的"汽"之中夹着"1"，意思是中国一汽；东风牌卡车的品牌标志是以艺术变形手法，取燕子凌空飞翔时的剪形尾羽作为图案基础，采用了含蓄的表现手法，主要含意是双燕舞东风。

法拉利品牌标志是"跃马"，并在"跃马"的顶端，加上意大利的国徽为"天"，再以"法拉利"横写字体串连成"地"，最后以自己故乡蒙达那市的代表颜色——黄色，渲染全幅而组合成"天地之间，任我驰骋"的豪迈图腾。

劳斯莱斯品牌标志是两个"r"重叠在一起，象征着你中有我，我中有你，体现了两人融洽及和谐的关系。而著名的飞天女神标志则是源于一个美丽的爱情故事。

宝马品牌标志是中间的蓝白相间图案，代表蓝天、白云和旋转不停的螺旋桨，喻示宝马公司渊源悠久的历史，象征该公司过去在航空发动机技术方面的领先地位。

奔驰品牌标志是三叉星，象征着征服陆、海、空的愿望。此标志是戴姆勒公司和奔驰公司合并后产生的。戴姆勒公司原商标是三个尖的星，而奔驰公司的商标是二重圆中存"奔驰"（BENZ）字样。两者合并后，戴姆勒一奔驰公司的商标为单圆中的一颗三叉星。

品牌符号一旦被客户融入记忆，就会长久延续下去。这种力量会发挥强大的作用，即便品牌发生一些失误，只要操作得当，也会很容易东山再起。可口可乐传奇总裁罗伯特·伍德鲁夫曾放言："如果我的工厂一夜之间被大火化为灰烬，只要可口可乐的品牌还在，用不了多久，我就可以重新建造出来。"这就是符号记忆的力量。

而品牌变现的过程中，商家为了引起客户的重视，也会采用符号记忆法去刺激客户，激发客户的情怀，勾起他们记忆深处的共同符号，打动客户做出购买决定。

4.持续重复

"今年过节不收礼，收礼只收脑白金。"20年前打开电视，随时可以听到这句话。很多观众说得最多的一句话是"烦死了"，可是走进超市买礼品送人，夫妻俩逛了半天不知道买什么，妻子突然说："送脑白金吧。"丈夫问，为什么要送脑白金？妻子说，电视上是这么说的"收礼只收脑白金"。夫妻俩从货架上拿起脑白金，结账走出超市，边走边看着脑白金说"还是这个送礼好"。

复盘脑白金这个案例的目的，不是表扬它的做法，而是脑白金掌握了超级打动原理的重要命门，即产品卖点、品牌价值传播过程中的持续重复法则。人的大脑会失去焦点，会忘记，怎么办？最有效的方法就是"持续重复"！**通过重复唤醒记忆，不断重复产生认知，持续重复产生持续购买，不仅自己买，还介绍其他人买，这就是持续重复传播的力量，更是实现变现的重要法宝。**

传播过程中，对重复的坚守有时候比创新还要难。在服务企业的过程中，我发现有绝大部分企业对传播的重复性没有耐心，比如经常更改产品卖点，经常更换广告语，经常更换代言人，这些做法我总结为"放烟花行为"，烟花很美，瞬间消失。

品牌变现并不是一蹴而就的，是需要长期持续重复地对用户进行传播，建立认知，抢占心智，打动其内心情感。即：变现的本质一定要遵循超级打动原理，否则绝不可能有走进用户内心的机会。

解疑答惑：数字化时代品牌如何做广告？

在瞬息万变的数字化时代，品牌如何做广告？

这个问题一直困扰着天宏集团全体员工，尤其是作为董事长的向南天及公司一批中高层领导们。为此，向南天召集大家开会，目的就是找出解决这个问题的方式方法。

沉默一段时间之后，向总见大家都默不作声，率先讲了几句作为开头，意思是让大家畅所欲言不要心存顾虑。随后，公司中高层领导的意见才像开了闸的水一样，迸发出来。

有人认为："一个品牌的独特性，当它进入客户心中时，它就是第一。"有人认为："未来倒闭的企业，大多数会是因为多元化。"有人提议："与其挖空心思去考虑品牌今后需要选择什么渠道去传播，不如多设想一下品牌的核心价值与客户真正需求怎样去匹配。"有人断言："新媒体不等于互联网，在这个数字化时代，品牌能够变现才是王道。"……会上，中高层领导对成功的品牌报告会案例进行了精彩剖析，同时对数字裂变时代品牌如何做广告进行了交流，总结出一些结合实际情况、预见性极强、特别接地气的观点。

"向之前的所谓技巧说不，让客户体验真实的氛围，以此为关键点去做广告。"向南天对各位领导的话做了总结。他认为，很多企业做广告存在三个误区：第一，没有实在的内容；第二，相关负责人不懂技术；第三，片面理解"情感投入"。

在这个时代如何做广告？不仅是天宏集团的困惑，也是广大企业家必须面对的难题。传统时代与数字化时代究竟有什么不同？是什么原因导致了这种情况的出现？

其实，暴风雪的来临不是没有预兆的，分析一下，大体有以下三个原因：

一是消费心态变化。在消费中渐渐凸显个性化，通过购物享受品牌带来的喜悦，体现优越感，探寻人生的意义。对于品牌，使用价值已经不是关注点了，而是一时兴起偏好、愉悦满足等方面。

二是参与意识变化。传统媒体给你什么就是什么，你没有选择的机会，而新媒体却给客户发表意见、提出个人想法的机会。客户对品牌的各个方面有了越来越多的话语权，他们不再只是街头巷尾的甲乙丙丁，而是一群兴趣盎然的参与者。

三是广告变化。以前，通过各种媒体传播出来的广告，大多被人们视而不见，还谈什么让客户产生购买欲望？简直是痴人说梦。而在数字化时代，尤其是万众娱乐的氛围下，让客户感受到有趣愉悦才是王道。

其实，万变不离其宗。无论渠道多么繁杂，时代怎样变换，一条优质的广告都离不开"有内容"的主题，即讲好"故事"，它包括四个要素：

一、品牌变现的重中之重，也是最关键的环节，内容要以客户需求为导向，先帮助他们解决目前遇到的问题。通过搭建场景，向客户传递品牌具有什么样的价值，尽可能发生在客户决定购买之前阶段，而不是体验之后。

二、企业依靠自身的力量已经不可能了。要善于借助外部资源，大家一起开发新内容，促进品牌变现提速升级。

三、为了适应"碎片化"特征，品牌广告一定要一目了然，比如以各种新媒体形式展现给大众。特别需要提醒的是：一定要记住大众使用新媒体的方式，即传播方式。

四、在特定的场景中把足够打动人心的内容传播出去，提高品牌整体的可信度。

在数字化时代，品牌广告处于多元化、复杂化风口浪尖，企业家必须有打破重塑的思维，抓住大众的情感，尽一切可能走进他们的内心世界，去除"碎片化"，让知识和经验"归类"，进而完成品牌快速变现。

第三章

变现逻辑——
构建超级底层逻辑

企业存在的底层逻辑是什么？

任何事物的存在都是有一定道理的。比如货车的存在为人们解决了货物运输的难题，山川的存在为人们提供了攀登和旅游的绝佳场所，天文望远镜的存在为人们观察天体提供便利，飞机的存在为人们插上了翱翔天空的翅膀……物理的存在是为了解开一切物品的本质和原理。

企业存在的底层逻辑是什么呢？根据百度的说法是"一种资源配置的机制，企业与市场是两种可以互相替代的资源配置方式。"**而我更认为它的存在有另外的意义，比如为社会（用户）解决问题、企业家的意义（低维度到高维度的认知进化）及初心。**

1.为社会（用户）解决问题

企业是以制造生产商品为手段，通过商品变现盈利为最终目的。企业会运用多种生产要素，如土地、厂房、设备、人员、资金、技术等，向社会提供商品或服务。以民营企业为例，它们完全是自主经营、自负盈亏、独立核算的法人组织。而这个组织最终的作用是为社会解决问题：就业与创造价值。

如果你想到世界著名景点游览一番，用双脚走，恐怕累死也到不了几个地方。开车？也不行，毕竟有些地方是汽车难以飞跃的。那么，飞机可能是最佳的工具吧？

作为世界上最大的民用、航空航天业的老大，成立一百多年的波音公司约有员工16万名，其客户分布在全球150个国家和地区。这是一家非常多元化，人才济济且富有创新精神的企业。员工中超过12.3万人拥有大学学历，他们来自全球约2700家大学，几乎涵盖了所有商业和技术领域的专业。波音公司非常重视发挥成千上万分布在全球供应商中的人才，他们技术娴熟，经验丰富，为社会服务贡献着力量。

如果飞机相隔你太过遥远，那就来点实际的，喝一杯小罐茶吧。

近年来，小罐茶不断自我进化，取得了显著成果。小罐茶是高端商务品牌，作为中国领先的品牌茶企之一，以优良品质为内核，致力于让中国人简单方便喝好茶。一直以来，茶叶的礼品属性都很高，特别是高端茶。小罐茶秉持"让中国人爱上小罐茶、打造世界品牌的初心"，规划出一幅产品多元化的发展战略宏图。

2019年，小罐茶推出了"多泡装"。"多泡装"延续了小罐茶一直以来的消费品思维、工业化思维以及标准化方法，同时满足消费者希望大容量、使用自由度高等个性化需求，对大罐包装茶叶做了一次系统性创新，重点解决了茶叶的保鲜存储问题。"多泡装"不只是一款产品的推出，也意味着小罐茶进入了茶叶的主流市场，满足的是主流市场人群的需求。相比于以前的产品更多满足高端人群的需求，"多泡装"系列满足的是大众人群。由此，喝小罐茶的人越来越多了，小罐茶的创新与坚持也取得了极大的成功。

企业是社会最重要的组成部分，为社会解决问题是其不能推卸的责任。

从另一个方面看，**每个社会问题都是一个商业机会，一个普遍的社会问题就是一个巨大的商业机会。**

当全世界人都需要电脑的时候，戴尔、苹果等公司，给人们提供电脑。有了电脑，没有便利的操作系统也难以推广，于是比尔·盖茨的微软公司应运而生。

当人们出行时觉得马拉的车子太慢或管理马匹太麻烦，于是就有了福特汽车公司、通用汽车公司、大众汽车公司、丰田汽车公司等一大批厂商。

当人们从事繁重的体力工作而难以顾及衣服的时候，牛仔裤创始人李维·斯特劳斯（Levi Strauss）生产出第一条牛仔裤，李维斯（levi's）历经一百多年风风雨雨，从一个国家流行到全球，品牌个性始终如一，成为全世界男女老幼都可以接受的时装和牛仔裤的领导品牌。

一位世界级大师曾经说过：企业的本质和目标不在于它的经营业绩，也不在于形式上的准则，而在于人和人之间的关系。**企业的本质是为社会、为用户解决问题，解决问题的企业才有存在的价值与意义。只有为社会和用户解决问题的企业才是国家的希望，民族的未来，才有机会成为一家伟大的企业。**

2.低维度到高维度的认知进化

起初，人们以为天是圆的地是方的。人间万事万物都是天神管辖的——发生洪水灾害是天神发怒了，收成不好是天灾人祸……随着科学的发展，人们才知道这一切都是自然现象，并进一步掌握了应对灾害、治疗疾病的方法，学会了制造机器上天入地下海……而这就是人们对于世界的认知进化。

关于"企业"，人们也有一个明确的认知，比如：

稻盛和夫：为了企业的生存和员工的发展，盈利是企业家不得不追求的，这没有什么可耻的。

曹德旺：企业家应该把盈利作为自己首要的岗位职责，不盈利的企业家是不合格的。

乔布斯：盈利是企业永恒的经营目标，一旦偏离这个目标，企业就会衰落甚至走向死亡。

巴菲特：关心企业盈利，就像关心自己的生命健康一样重要。

这种界定企业的方法没有错，是正确的。但从另一个层面来说，这只是低维度的认知。高维度的认知是什么呢？

构成事物的底层逻辑到底是什么？我们在判断一个事情的正确与否时，通常认为已经看清楚了其中的来龙去脉。然而此时的你已经错了，因为你没有通过事物的表象去看它背后所隐藏的本质。我们通常会说"理想很丰满，现实很骨感"，归根结底是因为你没有把事物进行很透彻地分析，才造成希望与失望的巨大反差。

构成事物的底层逻辑等同于透过现象看本质，告诉你在看待生活中一个很平常的问题时，能够"去其糟粕，取其精华"，抓住事件本质的一面去理解分析，就能够搞清楚它真正的"所以然"，而不是被事物的表面现象以及"你认为"的偏见影响正确的判断。这才是对事物正确的思维方式。

揭示构成事物的底层逻辑，当你懂得运用这种方法去看待社会、看待发生在身边的事情后，日复一日就会形成习惯，以后遇到问题时也会自然而然地运用这套方法论去分析所有事物，到底谁是正确的，谁是错误的，我应该怎样去做。

也许你会说我笨，很难学会。其实，一个人在日常生活中，只要不断地去学习、去实践、去优化，最后总结出的一套行之有效的方式方法，并随着时光的流失继续增加自己的社会经验，渐渐会形成独特的哲学体系。这套哲学体系的形成，是你在生活中经过反复的验证和不断改进，可以完美地理解并处理看到、听到的社会上发生的事情。这种揭示构成事物的底层逻辑，就是你的本质方法论。

3. 企业家的初心

每个人在童年的时候都会有自己最想做的事情，这种想法会伴随人的一生，这就是一种初心。而每个企业家都有自己的初心，比如福耀玻璃创始人曹德旺。

有一次，记者采访曹德旺："作为一个企业家以及慈善家，您的初心是什么？"曹德旺回答："我的初心就是吃饱饭，因为饿怕了。"记者大吃一惊，这是一位拥有近150亿元身价企业家的初心？

曹德旺说："我饿怕了。那个时候（20多岁时）一个月的口粮，如果让我吃饱，五天就能把它吃掉，因此每天都是饿的。没有经历过的人，不知道那个苦。我吃过花生壳磨过的粉，咬在嘴巴里很涩，吞不下去。拿水来兑，等你吞在肚里（不消化），在那里打滚，吐得难受。"

截至2021年，曹德旺累计捐款超过120亿元。

曹德旺说："如果当你成功的时候，把过去的苦难都忘记掉，我相信你还要再来一次。因此，我一直在呐喊呼吁：中国人要小心，不要因为这两年搞得比较顺，就忘记你姓什么，要担心再出这样的问题。"

曹德旺很小的时候就辍学了，跟着父亲倒卖烟草，每天骑自行车载着比他身体还重的烟草来回一百多千米，所得到的回报是差价2元，这对于一个成长期的孩子来说太过沉重，但是，一家人就是凭着这么几元钱生活。一家人每天只能吃两顿饭，并且是可以看到底的汤水饭。

曹德旺放过牛，卖过木耳，当过厨师，干过销售，在做销售赚了一些钱后，就承包了村里的一个玻璃厂，这是一个做温度表玻璃的小厂，也就是福耀玻璃集团的前身。

2001年3月，美国对福耀玻璃展开调查，并专门为福耀玻璃制定了反倾销税，迫使福耀玻璃提高销售价格，而一旦福耀玻璃提高价格，就相当于把美国市场拱手相让了。曹德旺做出了一个惊人的举动——将美国商务部和几家相关联的公司给告了。曹德旺跟美国打了官司，"我是中国的民营企业，而且是最规范的民营企业。我有足够的证据，证明你是胡说八道。"每当提起此事，曹德旺都会信心满满。

在曹德旺的抗争下，福耀集团最终胜诉，这是中国加入世贸组织后首次反倾销胜诉案。福耀玻璃也被国际市场所熟知。

之后，曹德旺意识到，想获得世界八大汽车厂认证的供应商，必须拥有自己的玻璃生产线。他毅然决定引进遮挡紫外线玻璃生产技术。

不久，福耀集团顺利获得全球八大汽车制造企业的认证，实现了又一次飞跃。

曹德旺有一颗"吃饱饭不饿肚子"的初心，其他企业家也有初心：

小米集团董事长兼CEO雷军：创办一家世界级公司，让足够多的人受益。

红豆集团董事局主席周海江：致富乡亲、造福社会，实业报国、共同富裕。

正泰集团董事长南存辉：志不强者智不达，烧好自己那壶水。

而我的初心则是：帮助更多中国企业创建品牌，为国争光！让更多中国产品迈向中国品牌，通过超级路演技术实现超级变现，让中国品牌拥有超强的生命力，造福世人，影响世界。

决定企业江湖地位的底层逻辑是什么？

武当派祖师张三丰认为："玄学以功德为体，金丹为用，而后可以成仙。"其江湖地位尊崇，谁都要敬他三分。

金庸在其武侠小说《神雕侠侣》《倚天屠龙记》中着力描写了张三丰。"江湖地位"是武侠小说或电影里的习惯说法，意思是在武侠圈子中的排行。企业在同行业中也有排行榜，比如世界500强排行榜。

1.影响力

影响力是以别人乐于接受的方式，改变他人的思想和行动。比如你本来想购买一条红色的裙子，结果看到朋友穿了一条白色的很靓丽，你立即改变主意也去购买了一条同样款式的白色裙子；你本来想去黄山旅游，结果三个同事都想去壶口看瀑布，于是你也觉得去陕西比去安徽好……这是个人因他人影响力而改变本意的例子。

2012年，湖南作家王耀文出版了一部长篇小说，名字叫《国画》，上市后很是火爆，大家星期天也不休息，跑到书店购买这本书，出版社一版再版赚得盆满钵满。没过多久，市场出现了很多模仿者，如《家画》《年画》《官画》《史画》等。

多年前，涉案题材电视剧《便衣警察》火遍大江南北，很多年轻人因受主演胡亚捷的影响，改变原来的理想，报考了警察学校。之后的很多年里，电视上播放的多是涉案戏，其中最经典的有王奎荣主演的《黄金缉私队长》、孙红雷主演的《征服》、董勇主演的《绝对控制》、蒋文丽和王志文主演的《黑冰》、吴越主演的《刑警使命》等，而这些名演员对观众的影响持续了很长时间。

自宫廷剧《康熙微服私访》大受观众喜爱之后，像什么《隋炀帝》《汉武大帝》《嘉庆皇帝》《大汉天子》《秦王李世民》《雍正王朝》《大明王朝》《乾隆王朝》塞满电视屏幕。后来一部婆媳戏出名了，电视上又全是关于婆媳矛盾的电视剧。

无论是小说还是影视剧，大家管这种行为叫"跟风"，就是自觉不自觉当中受了别人的影响的结果。其实，影响力不是现在才有的，自古以来就有很多这样的例子。

刘备以仁义著称，源于人们知道了他具有这种品性后，一传十十传百的结果。大家都知道了，不用见面，即使听到他的名字都特别敬重他。而他拉起队伍开始征战，也是由于他的影响力发挥作用，大家才跟随他出生入死。

陈胜吴广起义前，难以聚拢人心，于是想了个办法，用朱砂在白帛写上"陈胜王"塞进鱼肚子里，然后让人去买鱼，有意让人发现鱼肚子里的秘密，大家看了后以为这是上天的旨意，都纷纷跟着他抗击秦兵。

人有影响力，企业也有影响力。大家知道，企业的生存之道是要实现盈利，这是很现实也是很残酷的，如果想要持续盈利，就必须明白，盈利的本质除了获得更多的利润，最重要的还需要获得影响力。**盈利让企业获得了"硬实力"，但真正让企业持续发展下去的却是"软实力"。"软实力"才能给企业带来"话语权"，拥有足够的"话语权"，企业就奠定了强大的市场地位，就可以影响消费的趋势，左右市场的风向。**

2.影响力＝品牌

世界品牌实验室每年都会发布《亚洲品牌500强》排行榜，评判标准是品牌的影响力。

品牌影响力是指品牌开拓市场、获取江湖地位并赚取利润的能力。

有的人做事慢，有的人丢三落四，也有的人脾气暴躁，动不动发火骂人。如果有一支枪顶住你的脑后，你还会做事慢、丢三落四、开口骂人吗？

我一个朋友的儿子到了结婚年龄了，他看上了一个女孩，于是百般讨好千般"舔"。在下班的路上堵，吃饭时往上凑，又是买鲜花又是送时装。女孩不拒绝也不接受，无论他怎么献殷勤，女孩什么回复都没有。把他急得团团转，天天茶不思饭不想的。

某天，他偶然发现女孩特别听她妈妈的话，见到妈妈别说发个小脾气什么的，即使她妈妈瞪下眼，她都吓得掉魂。他脑袋突然灵光一闪，有门道了。从这天起，他就改变了方向，一个劲儿地讨好女孩的妈妈。还别说，一段时间之后，女孩的妈妈觉得小伙长得不错，关键是机灵，就对他友好了起来。到了周末，想不到女孩竟然主动约他了。

我第一次听了这个故事后，不是觉得小伙多有办法，也不是他有多会"来事"，眼前闪现出来的是"人微言轻"四个字。如果他是比尔·盖茨、扎克伯格，女孩会不答应他吗？说到底还不是由于严重缺乏影响力的原因。

这也让我想起了许许多多的中小企业。由于手里没有拳头产品，销路根本打不开，处于破产的边缘还在硬撑着。别看他们白天见人时一脸笑容，晚上独自一人时指不定哭过多少次。

我认识一个礼品店的老板，刚开始营业时他也信心满满，以为用不了多久自己也可以进入富人的行列，成为他们其中的一员，也能开上宝马，住上别墅。可事实根本不像他想象的那么简单，近二百平方米的店面，雇了七八个员工，每天来店里的客户没有几个人。每天都要支付昂贵的租金、员工的工资，再加上各种费用，真让他有点吃不消。

到底是什么原因导致经营出现问题？是他不懂得经商吗？不是，他是个很有经营头脑的人，如果他到大公司去应聘，绝对是经理级的人物。是他进的货有问题吗？好像也不是，各种花花绿绿的商品要质量有质量，论造型有造型，并且都是正规渠道的大品牌货。

后来，我终于发现他的礼品店有问题的真正原因，在他店的左右两边各有一家规模比他的店面小不了多少的礼品店，在当地营业了很多年，早已在客户当中形成一定的影响力。而你是外地来的老板，又是新店，谁能相信你？我劝他就此收手算了，他还心有不甘，想再坚持一段时间看看。

之后，由于我忙于工作，有很长时间没看到他了，也不知道他现在怎样了。

某企业管理者曾说过，继续"制造更廉价的产品"只会死路一条，因为你的竞争者会想办法把价格压得更低。创建一个有影响力的品牌才有未来。

雷军也说过，未来30年中国进入大消费时代，中国将迎来一个品牌的时代，品牌的社会。无论个人还是企业都要学会创建品牌。

我们不得不承认：**影响力 = 品牌。品牌代表的就是影响力，品牌是否有江湖地位，就决定了未来企业的命运。**

3.企业的三种成长驱动类型

当企业成立后，依靠什么驱动力能够继续发展下去呢？刚开始时，谁都会觉得前途一片光明，到处鲜花灿烂，一切美好。但是发展的空间并不大，甚至有越来越狭窄的迹象，这就是驱动企业成长类型决定的。你的企业属于三种类型当中的哪一种？是投机驱动型、机会驱动型，还是战略驱动型？

① 投机驱动型

20世纪70年代末，农民不再种地，纷纷干起了小商小贩。工人也顾不得上班，拿着几个大蛇皮袋子在路边街角，卖起了袜子、手套、头花、电子表等物品。那个时候还不让经商，人们管这种行为叫投机倒把。渐渐地，习惯成为自然，有的企业那时也在投机。

比如我见过这样一个创业者，他把一个规模不大的小厂子经营得红红火火，县里看到他很有能力，给他发放了一笔无息贷款。他没有把这笔款项投入工厂的日常营运，而是投资了风景区。之后又以风景区的名义获得更大的贷款，他把这笔贷款又投入房地产开发上，结果由于操作上出现问题，赔了。风景区由于缺乏维持运转的资金，出现走下坡路的局面。接连两次的失败，让他无心经营工厂，工厂也出现效益亏损。

不走寻常路，总想着天上能掉馅饼，等发现生存空间越来越小时，为时已晚，最后还是竹篮打水一场空，这就是投机驱动型企业的结果。

② 机会驱动型

中小规模的企业一般属于生产型的，在产品方面没有自己的特色，只是看到市场上什么产品销售火，就去模仿。

大多数企业家都知道曾经有这么一家企业，看到别人在央视做过广告后就大火特火，也不惜一切代价去竞标，获得那年标王的称号。企业也跟着红火起来，之后就在全国各地到处设立分支机构。企业本来想建一座四层办公楼，后来想建八层，从八层又加到十二层，还觉得不够高，最后决定建十八层。结果企业在全国各地的分部由于缺乏应有的管理，纷纷出现经营问题。

企业的办公楼建到十二层时资金链就断了，成了烂尾楼，企业也从此退出了江湖。

很多企业由于抓住了一个机会，然后不顾一切地突飞猛进，结果由于管理跟不上企业发展的步伐，导致严重亏损，甚至倒闭，这样的例子在中国太多了。我给这类企业诊断的结果就是：大而不强，没有核心竞争力，虚弱易倒。

③品牌驱动型

这种类型的企业是最有发展前途的。**我之所以要写这本书，有一个重要的目的，通过本书能够影响更多企业家成为"品牌驱动型"的企业。**当今中国不缺乏好产品，不缺乏好的生产线，不缺乏优秀的产业工人，我们缺乏的是伟大的品牌，习近平总书记已经提出"品牌强国"！中国未来30年的竞争力一定是品牌的影响力与号召力。

雷军说：小米应该是希望成为索尼、三星那种划时代的企业，索尼和三星是一个时代的王者，更是受人尊敬的品牌，他们引领电子产品革命；西贝莜面村的创始人贾国龙在30多年以前创办西贝时，就有强烈的品牌意识，西贝不仅打磨优质产品，更是在传播一种品牌文化，因为西贝，人生喜悦，西贝一直靠品牌驱动发展。

年轻一代的创业者们已经比六七十年代的创业者们拥有了更强烈的品牌意识：钟薛高已经在高端雪糕品类中成为用户非常喜欢的一个品牌，核心团队对于做品牌有着高度的一致性，在钟薛高，永远是品牌和产品导向；我们服务的"80后"创业者易栋创建的欧帝洁集成热水器，更是把打造品牌作为公司最高战略；SKG正在用科技的力量，为个人和家庭提供智能穿戴和医疗器械产品，成为在众多健康品牌中"出色"走出来的那一个。

巴奴毛肚火锅品牌的创始人杜中兵曾经分享过，国际上许多商学院都教品牌，教战略，大学生出来创业，多多少少都懂品牌。目前中国企业很多的问题，是企业家根本不懂品牌战略造成的。有品牌战略才有未来，产品品质是走向未来的基础。不创造只模仿，你生产的全是库存。只贡献利润，不贡献品牌的企业长不了。

决定企业市场地位的底层逻辑是什么？

在竞争激烈的市场，能让一家企业拥有无懈可击地位的底层逻辑是什么？这是企业家们最为关心的问题。我们对100多家获取市场地位的企业发展进行研究，一家企业要想拥有坚实的市场地位，底层逻辑就是要打磨出符号产品，也可以说，符号产品＝市场地位＝带路产品。

1.符号产品

"我们的宇宙是被符号充满了"。这是一位设计者常挂在嘴边的话。这话一点都不过分，

生活中处处充满符号，商品也是这样。符号产品价值被充分地突现出来。符号消费已经成为人们比较关注的重要内容，是人们提高身份地位的有力工具。它不仅是商品的一种标识，也表示着人们的生活和交往行为。

符号产品表示两个含义：第一是市场营销意义的符号，我们称之为商品的品牌；第二是社会学意义上的符号，我们称之为商品的社会象征性。品牌是产品标识，可以用来辨别生产商制造出来的产品，与其他商家制造出来的产品相区别。概括而言，符号产品就是能够让用户形成超级记忆的品牌产品，并且产生较高的复购率和口碑传播，最好市场足够大。

比如LV这个符号产品，人们一见到上面这个符号产品，就知道它是世界奢侈品顶级品牌，其全称是路易威登，成立于1854年法国。如果是一位有心的消费者，他会进一步去了解这个符号的产品。通过相关渠道，你会得知：这是一家是皮革高超工艺集大成者，以其卓越品质和原创精神享誉国际，印有LV标志的交织字母帆布包是其经典，引起世界购物者的关注，创造了风靡全球的时尚神话。之后便代代相传至今的路易威登，以卓越品质、杰出创意和精湛工艺成为时尚旅行艺术的象征。这个符号产品不只是一种，而是一个大家族，包括都市手袋、旅行用品、小型皮具、围巾配饰、鞋履、成衣、腕表、高级珠宝。当然，还有满足各种顾客的个性化定制服务。

上面这个符号产品是爱马仕，这是一家忠于传统手工艺，不断追求创新的国际化品牌。旗下产品有箱包、丝巾、领带、服装和生活艺术品等十七大系列，以及新近开发的家具、室内装饰品及墙纸系列。奢侈、保守、尊贵，整个品牌由整体到细节，再到它的专卖店，都弥漫着浓郁的以马文化为中心的深厚底蕴。它自1837年在巴黎开设首家马具店以来近200年间，一直以精美的手工和贵族式的设计风格立足于经典服饰品牌的巅峰。

上面这个符号产品是百达翡丽，"手表中的蓝血贵族"，是瑞士著名钟表品牌，世界十大名表之首。创立于1839年，作为日内瓦最后一家独立制表商，百达翡丽在设计、生产直至装配的整体过程中享受着全面的创新自由，打造出令世人专家交口称赞的全球钟表杰作，并谨遵品牌创始人百达先生和翡丽先生的卓越远见，凭借超凡的专业技能，秉承优质的创新传统，百达翡丽至今拥有超越80余项技术专利。

在数字化社会里，购物已经成为人们生活的主要方式和目标。确实，产品与生产都具有与传统时期截然不同的含义。那时候的产品只是满足人们生存的条件，而如今显然把产品都定位在享受快乐、充满个性的领域。

2.符号产品=带路产品

符号产品就是有特点或特色的品牌产品；一定要做成唯一或者第一。唯一是特色，第一是品牌。

曾经提出《生命周期法》的阿瑟·D.利特尔咨询公司认为，一个公司在其目标市场中有六种竞争地位：

①主宰型。这类公司控制着整个目标市场，可以选择多种竞争战略。

②强壮型。这类公司可以单独行动，而且能稳定其长期地位。

③优势型。这类公司在一定的战略中能利用较多的力量，并有较多机会改善其竞争地位。

④防守型。这类公司经营现状较好，能继续经营，但发展机会不多。

⑤虚弱型。这类公司经营现状不佳，但仍有机会改善其不利地位。

⑥难以生存型。这类公司经营现状差，而且没有机会改变被淘汰的命运。

也许你并不知道，我国国际上知名度最高的五家企业长期主宰着国际市场。

①华为技术有限公司

一家提供通讯装置以及销售包括智能手机在内的消费电子产品的跨国科技公司，总部位于广东深圳。华为是全球领先的信息与通信技术（ICT）解决方案供应商，专注于ICT领域，坚持稳健经营、持续创新、开放合作，在电信运营商、企业、终端和云计算等领域构筑了端到端的解决方案优势，为运营商客户、企业客户和消费者提供有竞争力的ICT解决方案、产品和服务，并致力于实现未来信息社会、构建更美好的全联接世界。

②联想集团

成立于1984年，是中国的跨国科技公司，是一家在信息产业内多元化发展的大型企业集团，是富有创新性的国际化的科技公司。从1996年开始，联想电脑销量一直位居中国国内市场首位；作为全球电脑市场的领导企业，联想从事开发、制造并销售可靠的、安全易用的技术产品及优质专业的服务，帮助全球客户和合作伙伴取得成功。联想公司主要生产台式电脑、服务器、笔记本电脑、智能电视、打印机、掌上电脑、主板、手机、一体机电脑等商品。

③海尔集团

创立于1984年，是一家全球领先的美好生活解决方案服务商。在持续创业创新过程中，海尔集团始终坚持"人的价值第一"的发展主线。拥有上市公司4家，孵化独角兽企业5家、瞪羚企业23家，在全球设立10大研发中心、25个工业园、122个制造中心，108个营销中心和超14万的销售网络。连续十一年稳居欧睿国际世界家电第一品牌，子公司海尔智家位列《财富》世界500强和《财富》最受赞赏公司，旗下新物种卡奥斯COSMOPlat，在工信部双跨工业互联网平台中排名榜首，被ISO、IEEE、IEC三大国际标准组织指定牵头制定大规模定制模式的国际标准。

④大疆创新科技有限公司

　　一家以生产、研发无人飞行器及飞行影像系统为主的公司，公司总部位于我国广东省深圳市，创始人汪滔。公司致力于为无人机工业、行业用户以及专业航拍应用提供智能飞控产品和解决方案，通过持续的创新，大疆致力于为无人机工业、行业用户以及专业航拍应用提供性能强、体验佳的革命性智能飞控产品和解决方案。目前全球市场占有率为70%以上。

⑤美的集团

　　1968年成立于中国顺德，现总部位于广东顺德北滘新城内。是一家集消费电器、暖通空调、机器人与自动化系统、智能供应链、芯片产业、电梯产业的科技集团。业务包括以厨房家电、冰箱、洗衣机及各类小家电为主的消费电器业务；以家用空调、中央空调等供暖及通风系统为主的暖通空调业务；以德国库卡集团、美的机器人公司等为核心的机器人及工业自动化系统业务；以安得智联为集成解决方案服务平台的智能供应链业务；美仁半导体公司的芯片业务。2021年7月14日，美的集团注册资本发生变更，从人民币69.32亿元增加至70.48亿元。

　　符号产品＝带路产品。以上五家中国企业足可以说明这个问题。符号产品就是能够让用户形成超级记忆的品牌产品，并且产生较高的复购率和口碑传播。

企业竞争的底层逻辑是什么？

　　非洲大草原上，各类猛兽都有一套独特的生存技能，口齿是否厉害，逃跑技能是否高超，决定了它们能否看到明天的太阳。生存是动物的头等大事，所有食肉动物都具备捕猎食草动物的能力，食草动物都具备逃生的能力。关键是捕食者和猎物谁的技术更胜一筹。

那么，企业为了生存下去，被动或主动参与市场竞争的底层逻辑是什么？

1.不是为打败对手，而是为赢得人心，赚取利润

两家企业的产品一样，质量一样，市场也一样，谁都想多占领市场获得更多客户，怎么办？那就打价格战吧。结果打到两败俱伤，市场却被第三家企业不费一枪一弹获得了。其实，有时候打败你的并不是对手。比如：

银行不是被同行间的竞争打败的，而是被微信、支付宝打败的。打败康师傅的，不是统一或今麦郎，而是美团、饿了么。造成尼康关闭中国工厂、柯达公司破产，不是佳能或索尼，而是智能手机。

到此时，企业家应该知道竞争怎样进行，于是纷纷开始重新定义竞争的本质，进入新一轮的竞争模式。

Adidas创立于1948年，Vans创立于1966年，Nike创立于1972年。

Nike远超以上两家企业，坐上世界第一运动品牌的位置，Nike是既没有与对手发生价格火拼，也没有关注对手，是凭什么成为第一的？

刚开始，Nike也吃过一些苦，能有今天的成果完全得益于其两次营销操作。1985年，女性脱离家庭妇女的束缚，积极参与各种健康活动。Nike为她们喊出"just do it"助威语，不仅激励女性拥抱新生活，更给千千万万人点了赞，Nike开始被人们关注。这是它第一次营销胜利，也是世界上最经典的案例。

第二次营销成功是邀请迈克尔·乔丹代言，还打破史上营销先例，给了

他股票，以及在鞋上使用乔丹的名字。

新品AJ1在1985年诞生，当时NBA联盟规定不允许穿太花哨的球鞋，谁穿就罚款。Nike坚持让乔丹继续穿AJ1，罚款的事交给公司处理。结果，促成Nike营销史上奇迹，AJ1被抢购一空。

从成立至今，Nike不仅在技术、营销、创新方面大力提升，还在赢得人心方面下功夫，稳稳坐着运动品牌世界第一的位置。

与之相比，中国的鸿星尔克公司更胜一筹。2021年，河南遭受百年不遇的洪灾，鸿星尔克心系灾区，低调地通过郑州慈善总会、壹基金紧急捐赠5000万元物资，驰援河南灾区，这种"破产式捐款"吸引了消费者们的关注，粉丝量暴增，消费者纷纷下单支持，导致产品一度脱销。鸿星尔克对受灾群众真心，消费者对鸿星尔克倾情，客户关系互动堪称教科书级的范本。

的确，有江湖就有侠客，有侠客就有竞争，目的是胜者为王。**而企业间竞争的底层逻辑，不是为了打败对手，是为了赢得人心，赚取利润。**

2.要研究市场、研究用户，而不是对手

还记得考驾照吗？科目一、二、三、四，每科都有明确的分数线规定，达到了你就过，达不到，下次再考试，这就是竞争。商业竞争没有考驾照这样硬性，只是相对而已。

当两家企业进行竞争时，全部精力就会放到对手身上，对手今天做到了那一步，你明天比他还前进一步。对手看到你超过他了，第二天就会想出更好的招数，如此循环下去。两家企业的管理方式、制造出来的产品、市场营销模式几乎一致。在外人看来，这两家企业好像是兄弟公司。

不要去看竞争对手干什么了或不干什么了，这样会让你失去自我，甚至

被竞争对手异化；聪明的企业家会放下竞争对手，转身去研究市场是怎样的风向、客户有什么需求。江小白能够在强大到无法想象的竞争对手的市场快速占得一席之地，依靠的就是这种方法。

当江小白准备进场时，市场几乎被六家白酒巨头全部占领，无论是口味还是价格都占尽了优势，相当于得到整个白酒市场"江山"。面对这样的环境，江小白无疑是诞生在狼群中的羔羊。但它没有躺在地上等死，反转身子——避开与那些强大的竞争对手博弈，另走一条没人走过的路，并且一鼓作气地走下去。

江小白选择这条路，是冲着成长起来的年轻人这股生力军而来的，这些人有一个共同的特征，那就是不怎么喝白酒。于是，江小白在价格、包装、口味上做起了文章。

第一，价格比一般的啤酒微高，包装上全部采用小瓶，改掉白酒那种浓烈的口味，取而代之的是清香型。值得一提的是江小白那充满人情味的宣传：久逢江小白千杯少；没有刺激哪来的热情；给自己一个缓冲的时间再阔步向前；过于沉迷某些东西的时候多抬头看看蔚蓝的天空；你敬我一杯我敬你一丈；朋友的情义是可贵的，要保持到最后；有理闯天下有酒我不怕。很快获得年轻人的情感。

江小白一经推出，迅速火遍华夏大地。

在以往的成功经验中，企业生存下去唯一的方法就是打败竞争对手。很多企业为了打败竞争对手，往往会不择手段。但江小白不会进入两败俱伤式的武斗，选择了一种比较聪明的方式。

两眼只看着对手的竞争会让企业慢慢走进死胡同。要想改变这种局面的出现，企业就要大开脑洞，另辟蹊径，盯住市场变化到什么程度了，看看客户还有什么需求，企业能够提供什么来满足这些需求。这样，企业就会发现前面放着一个巨大蛋糕，等着你去饱餐呢。

然而，理想是美好的，现实是残酷的。当你像哥伦布一样发现新大陆时，只是暂时的，未来还会有新的挑战出现，企业必须随时调整航向，迎风而行。

某企业家曾表示：我们的目标从来不是为了打败对手，而是我们希望给世界带来更好的变化。我们不想也不愿意变成一家强大的公司，我们只希望在社会上、在世界中，在用户面前、心里，我们是一家好的公司。

他的话说出了很多企业家的心声。

企业家的底层逻辑是什么？

什么是企业家？

这是一个好问题，我们借用大师的智慧来回答这个问题比较有意义。

1.创新

被誉为"创新理论"鼻祖的熊彼特说过，**一个人在他创新的时候，就是企业家**。多么简单直接，一句话让我们醍醐灌顶，企业家的首要任务或者最基本的底层逻辑是"**创新**"！难怪全世界的商学院都有一门关于"创新"的课程。熊彼特说："创新是建立一种新的组合，把新组合的实现称为企业，把以实现新组合为基本职能的人们称为企业家。"

这种创新的组合包括5种情况：

（1）采用一种新产品或一种产品的新特征；

（2）采用一种新的生产方法；

（3）开辟一个新市场；

（4）采用一种新的原材料或半制成品的一种新的供应来源；

（5）实现任何一种工业的新的组织。

熊彼特认为企业家要进行创新，**首先要进行观念更新**。这是因为"一切知识和习惯一旦获得以后，就牢固地植根于人们之中，就像一条铁路的路堤植根于地面上一样。它不要求被继续不断地更新和自觉地再度生产，而是深深沉落在下意识的底层中。它通常通过遗传、教育、培养和环境压力，几乎是没有摩擦地传递下去。"

其次，企业家必须具备一定的能力。这些能力包括：

1. 预测能力。企业家应具有"尽管在当时不能肯定而以后则证明为正确的方式去观察事情的能力，以及尽管不能说明这样做所根据的原则，而却能掌握主要的事实、抛弃非主要的事实的能力，"能抓住眼前机会，挖掘市场中存在的潜在利润。**2. 组织能力**。企业家"不仅在于找到或创造新的事物，而在于用它去除社会集团留下深刻的印象，从而带动社会集团跟在它后面走。"善于动员和组织社会资源进行并实现生产要素新组合。**3. 说服能力**。企业家善于说服人们，使他们相信执行他的计划的可能性；注重取得信任，以说服银行家提供资本，实现生产方式新组合。

2020年7月21日，习近平总书记在企业家座谈会上强调："企业家创新活动是推动企业创新发展的关键""企业家要做创新发展的探索者、组织者、引领者，勇于推动生产组织创新、技术创新、市场创新"。

"十四五"时期是我国开启全面建设社会主义现代化国家新征程的第一个五年，经济社会发展要以推动高质量发展为主题。立足新发展阶段，贯彻新发展理念，构建新发展格局，必须坚持创新在我国现代化建设全局中的核心地位，提升企业技术创新能力，大力弘扬和培育企业家创新精神，发挥企业家在技术创新中的重要作用，努力把企业打造成为强大的创新主体。

有人感到疑惑的是：大多数企业没有创新，但也有利润啊？**熊彼特说：**

没有创新获得的微薄利润不是利润，是社会付给企业的"管理者工资"，让你能够维持再生产。赚到的钱肯定是越来越少，而且朝夕不保。

熊彼特再次强调：**一个人在他创新的时候，就是企业家**。

2. 企业家＝创新

"专精特新"的灵魂是创新。我国经济发展到当前这个阶段，科技创新既是发展问题、更是生存问题。我们强调"专精特新"，就是要鼓励创新，做到专业化、精细化、特色化。各位企业家要以"专精特新"为方向，聚焦主业、苦练内功、强化创新，把企业打造成为掌握独门绝技的"单打冠军"或者"配套专家"。

——刘鹤副总理在2021年7月27日举行的《全国"专精特新"中小企业高峰论坛》上的致辞

企业家的定义就是善于创新的人，创业精神本质上等同于创新精神。不管你是企业的创建者，还是已经让企业走向正规的人，具备创新精神是让企业持续发展的前提。

一个顶天立地的创新型企业家都具有联想、质疑、观察、试验和建立人脉五大技能。

一是联想。

把那些对于事情的怀疑、设想或别人的极力反对全部联系起来，重新加以归纳整理，是企业家创新的核心源泉。

乔布斯是一个善于"联想"的人，苹果公司每一次推出新产品都是联想的结果。他经常说，"创造力就是把事情联系起来。"

二是质疑。

对那些看似正确的问题质疑，也许会产生另一种结果。一个相反的问号可能激发出更加完美的方案。

"如果我们不这样干，用另一种方法，会有什么结果？"这种质疑往往会为发明创造打开新的思路，放弃墨守成规的老办法，走一走另外一条路，往往会得到出乎意料的情景。

陕西西凤酒厂集团有限公司董事长张正敏锐地发现，创新是推动社会向前发展的动力，创新为持续发展带来更为广阔空间，而持续发展也倒逼企业必须摒弃以往的老传统、老习惯，以创新迎接明天。

三是观察。

企业家都应该学会全面系统地去观察企业内部管理及市场动向。应该像一个技术高明的医生一样，去观察和诊断产生病情的本质原因，通过现代化的仪器及以往此类病症的案例，总结出最佳的治疗方案，即根据观察提出切实可行的新创意。

中国白酒行业，如同群雄争霸的春秋战国，茅台却能稳稳地坐定第一把金交椅。"人无远虑，必有近忧"，时任中国贵州茅台酒厂（集团）有限责任公司党委书记、董事长李保芳敏锐地观察着市场的变化："在消费越发多元、理性、成熟的今天，茅台的品牌力量，不应也不能靠'国酒'的加持，而要尊重并契合广大消费者和社会公众发自内心的认同与接受。"他深度分析了茅台所具备的品质、品牌、品格，白酒风向标被再次刷新。

四是试验。

与当年古人研制火药指南针一样，企业家要想把企业干出彩，也得经过无数次试验，无数次尝试创新才能得到一个正确的方案。

亚马逊的创始人贝索斯认为试验是查验想法的有效途径，他甚至在亚马逊把试验作为一项必须执行的制度。

作为中国家电企业的世界品牌，海尔曾经多次创造行业奇迹。面对瞬息万变的数字化时代，"海尔要变成一个物联网生态平台，让场景、生态颠覆产业。"海尔集团中国区首席市场官李华刚表示。

五是建立人脉。

社会人的人脉只是为了获取别人的一点帮助、把自己成功推销出去。企业家则是为了企业的发展，以及和他一起艰苦奋斗的员工。想激发出创新思维必须与那些精明的高手一次次过招，从中得到启发、碰撞，企业家必须与别人想得不一样，做得不一样。

企业家不是一个身份，而是一种创新的状态。领导者和追随者最大的区别在于创新。只有创新，才能获得溢价和利润，利润只有一种，就是企业家利润。要想持续获取利润，企业家必须带领企业持续创新。

3.新一代企业家的三种能力

2018年11月1日，习近平总书记在民营企业座谈会上发表重要讲话："新一代民营企业家要继承和发扬老一辈人艰苦奋斗、敢闯敢干、聚焦实业、做精主业的精神，努力把企业做强做优。"习近平总书记着眼民营经济健康发展，对广大民营企业家健康成长提出希望、寄予厚望，鼓舞了广大民营企业家积极进取、奋发有为的信心，激发了他们战胜困难、搞好经营发展的干劲。

我认为，新一代企业家有三个使命：

第一是当好践行者，坚定不移听党话、跟党走。 每一个企业家都要坚定不移地走中国特色社会主义道路，坚定道路自信、理论自信、制度自信、文化自信，守方向、强定力，与党同心同德，同心同向，把企业发展融入中国梦和社会主义现代化强国中去。

第二是当好领头雁，发挥好表率作用。 企业家作为企业领导者，在新时代要创新拼搏、追求卓越、扶危救困、回馈社会，把企业家精神一代代传递下去。

第三是当好掌舵人，让企业行稳致远。 在社会经济乘风破浪的大好时代，企业家要登高望远，看清方向，以技术进步塑造企业核心竞争力，以创新来提升企业应对危机的综合能力。管理好企业，为国家的治理体系和治理能力做出应有的贡献。

作为企业统帅，杨坚是成功的。自进入世腾汽车集团后，从安溪分公司负责人到集团总经理，杨坚展现了新一代企业家的风采。在企业发展战略上，他敢于走出别人想不到的路，积极创新；在管理企业上，他尽一切可能，极力为员工营造"家的感觉"；在社会责任方面，他经常带头参加公益活动。

福建世腾汽车集团是以上海几家汽车公司及新能源销售服务为主营业务，以汽车维修、配件、精品附件销售、装潢美容、汽车金融、二手车及汽车俱乐部等配套服务为辅业务的集团化公司。

杨坚在安溪分公司时始终坚持公益活动。不管是在勤工俭学的日子，还是担任高管，"慈善心"一直都在。在安溪，他为穷困学生买文具、书包；为贫困老人送去慰问。

但杨坚心中仍在遗憾：个人的力量太小，能够带动更多的新一代企业家参与，能够唤醒全社会关注，才是值得自豪的。"老吾老，以及人之老，幼吾幼，以及人之幼"。他认为做公益是天经地义的事，尽力而为就可以。这些年来，慈善事业是杨坚始终不能放弃的，企业的发展得益于社会的支持。而企业应该履行社会责任，多做公益事业。

新一代企业家应该具备发明家、设计家、路演家三种能力。

发明家的意思是能够发明一种理论、一种概念、一种思想或者一套模式。

设计家是必须具备顶层设计、构建全景图和打磨操作系统的能力。

路演家是会说会秀、输出价值、赢得人心。

案例解析：超级品牌元气森林快速崛起的底层逻辑

2020年，疫情让各个行业发生意想不到的突变，各个行业遇到了最为严酷的冬天，有一些企业却逆行向前，迎来了难得的机遇。

在饮料市场，元气森林被称为超级品牌的一匹"黑马"。创始人唐彬森称，人类社会会奖励帮助解决问题的人，付出总有所得。

人不仅要问：元气森林在饮料市场一直保持低调，为何突然间销量大"火"，让人猝不及防。元气森林快速崛起的底层逻辑是什么？

该企业最早只是一个产品中心，不是企业的形式。这种让人眼前一亮的做事模式，让企业从创建之初就独树一帜：把产品研发当作最核心的事情去做，注定品牌会击中客户的情感。当元气森林登上舞台后，大批舆论把企业成功的底层逻辑，归结于一些表层因素上。意思是企业只要找明星拍点宣传片，就能够超越国际品牌可口可乐，然而底牌绝不是想象的那样。

元气森林自2016年推出首款燃茶，一年后再推出气泡水，正是这款产品带来的荣誉，才奠定了元气森林在饮料界的地位。时至今日，元气森林拥有燃茶4种口味、气泡水8种口味、乳茶3种口味、满分纯果汁气泡3种口味。除了碳酸饮料，元气森林还开发出功能性饮料，能量饮料新品外星人开发出3种口味，使用进口马黛茶做原料。这种茶因富含天然咖啡因，在拉美地区是

"国民饮料"。同时，元气森林还拥有4种口味的乳品，其中北海牧场酸奶得到有"全球食品界奥斯卡"之称的比利时国际风味暨品质评鉴颁发的4块顶级美味奖章。

仅仅三年时间，元气森林从一只怕风怕雨的"雏鹰"快速成长为覆盖多个产品线的"傲空雄鹰"。有人惊叹："自元气森林上市后，饮料市场时钟都被拨快了"。这就是元气森林快速崛起的底层逻辑。

以下是唐彬森接受记者采访实录

记者：可以说现在唐先生代表的元气森林已经是一个行业顶流了，您现在会有什么样的危机感吗？

唐彬森：其实我最大的危机感来源于，有一天我们的产品用户不喜欢了。我觉得这个世界上所有强大的企业，无论是华为也好，亚马逊也好，阿里也好，腾讯也好，都特别强调用户第一，这个东西我深有感触。

记者：如果做得不够好，你的解决方式是什么？研发？

唐彬森：加大研发，加大对优秀人才的吸引，不惜一切代价研发好产品。你去看全世界所有知名的公司都是靠这条路活过来的，没有别的路。

记者：另外我也想问，从履历来看，唐先生您是从游戏直接到了快消品。那从个人的角度来讲，唐先生如果您未来还要做跨界，会往哪些方向去努力？

唐彬森：我觉得其实不要为了跨界而跨界。真正的跨界是你看到一个问题，你希望去解决。人类社会是奖励一些帮人类社会解决问题的人，不奖励那些追风的人。所以，如果我有一天不做元气森林只会有一个原因，就是我觉得消费的问题已经解决了，当我们看到有问题的时候，可能意味着有机会。当没有问题的时候，我们就要去解决别的问题了。我觉得这个是我作为一个纯粹的产品经理看到的问题。

第四章

变现路径——
选对超级核心方向

路径一：产品变现

聊到产品变现时，有些企业家认为什么路径都行。其实，产品变现一定要选择正确的路径。如果路径选择不对，只能是南辕北辙，离目标越来越远，这是最核心的方向问题。**产品变现有高端、大众两种路径。**

1.高端（高溢价）

同样是汽车，为何劳斯莱斯最高能卖一亿七千多万元一辆？同样是手表，为何百达翡丽手表最高价格会高达一千七百多万元？同样是餐厅，为何米其林餐厅一座难求？为何别人的产品总是那么高端？

通往罗马的路虽然千万条，但其中会有一条最方便最经济的路径，那就是产品变现选择高端（高溢价）路径。让我们看看一家企业如何把产品卖出"高端（高溢价）"。

这家企业刚在海外成立时，大家都不看好，它选择了户外家居这个客户不多的市场。这个国家的家居产品销售额已远超美妆产品，户外家居竟然成为第一；几年之后的市场容量可能会超过100亿美元。

不容忽视的是，客户们对户外家居的品质存在大量意见，销售商也无法满足客户们的要求。这家企业立刻发现这是个很好营销点，创业者的姑姑在中国就有家具厂，他之前也从事过客服的工作，一打开电脑或手机就会收到客户们的投诉，他没有敷衍任何一个问题，尽快帮客户想到解决问题的办法。

中国在家具防水、防褪色及工艺等方面已经超过该国市场所有产品，关键是价格也有极大的上升空间。比如面料成本较当地价格低40多美元。但国内企业一没品牌，二没技术，只能给别人代工，以最大的价值换取最少的利润。这家企业开始利用中国的优势，制造一些户外家具。

为了保证使用寿命足够长，户外家具不能使用纯木材。另外，还必须要满足客户们对舒适性、便捷性、实用性方面的要求。

对于客户而言，产品带来功能、精神两种价值，他们就会给予肯定。国外很多大品牌的积淀，比如古驰、香奈儿、劳斯莱斯，其实就是品牌倡导的理念、精神。产品放在客户面前时，你得给他们一个值得花费数千美元购买产品的理由，让他们感觉自己购买的是国际大牌，而不是低档次的产品。

创业还不到半年，这家企业每天的营业额已经到了很惊人的数目。第二年，已经在这个城市成为第一，还不到第三年又成为全州第一。

客户为确保自己购买的是最有品质的产品，愿意支付高溢价，支付的就是企业品牌的认可，是其他产品想达到却无法达到的高度。从客户的角度来说，高溢价是对企业品质的肯定。只要客户满意产品，无论是出于对企业的信任，还是对品牌的忠诚，他们都会愿意支付高溢价。

2.大众（大流量）

许多年前，大批企业都在为流量红利的消失而心痛不已。流量曾经等于市场，有流量就能够变现。面对从"卖什么都赚钱"到现在"卖什么都很难赚到钱"，线下市场被行业老大独占，初创新品牌如何变现？路径在哪里？

自古和田玉就身份高贵，乃王侯将相专利，普通百姓想都不敢想。现在，虽然有渠道但变现路径很狭窄，使得产业前途一片迷惘，这就是和田玉产业遭受的困局。

从人们认识到和田玉的价值起，其开采像前几年小品说的那样，"不是一般的困难，那是相当的困难"，同时产量也低。目前和田玉籽料竟然"以克计价"，每克价格都到了六位数。

因为稀有，直接造成和田玉的昂贵，使得大多数客户很难接触到它，更不懂得怎样鉴别它的真假。在暴利的驱使下，有些商家以次充好，欺骗客户，导致信任度大幅下降。

很多企业探索过和田玉的营销之路，最终他们找到变现的路径。

首先是全产业链开放。这是以客户消费为导向，从采矿、设计、雕刻到销售的所有环节全部进入大数据，做到有据可查。产业链形成一个利益共同体，把客户的真实需求反馈到开采、雕刻环节，所有的环节只有一个目标，那就是以客户需求为导向。

这个模式能够提升资源利用率，让产业链不同环节配置更加有效率，减少交易成本和风险，降低产品价格，是更有竞争力的模式，是一种把原先的上下游买卖协同关系，由合作和交易角度提升到战略高度的模式。这种模式提升了整体产业发展的高度。

其次实行全渠道销售。以前的销售模式是依靠熟人或者商店去销售，随着互联网技术的不断提升，各种社交网络进入普通客户眼中。购物场景变了，碎片化的购物造就了另一个变现途径——全渠道零售。它具有全程、全面两个特点。

客户从接触品牌到付款购买过程，一共有搜寻、比较、下单、体验、分享五个环节，企业必须在这些节点与消费者保持全程陪伴。

企业能够跟踪和积累客户交易全过程的数据，并与客户互动，掌握他们在购买过程中的细微变化、及时给予中肯的建议。

商家必将借助全渠道销售，满足客户所有的购物需求，采取实体、电子渠道整合的方式，给客户提供最佳的购物感觉。

最后是国民消费大市场。随着新兴客户的出现，企业迎来了新的生机，也为大众化消费助力。以收藏投资为主的高端客户渐渐增加，拍卖会的高成交率，价格逐步上涨，这是和田玉的珍稀性、投资性证明其有良好的增值空间。

同时，在消费降级、年青客户成长起来的前提下，年轻化、大众化的趋势越来越明显。销售单价在五位数以下，使得大众消费有了基础。

创建品牌不是最终目的，关键是如何让品牌变现。其实，**在品牌变现之前得想一下：为用户提供什么样的产品或服务？怎样才能打动用户，让他们心甘情愿地买单？** 想要变现就得选对路径，这是至关重要的。

路径二：渠道变现

渠道的原意是水流的通道。引入到商业领域，意思是商品销售路线或网络。指代理商或经销商，由于他们居住不同的区域，企业便把产品分配给他们，以达到销售变现的目的。其中涉及招商、扶商、育商三种方式。

1.招商

企业有了不错的产品后，接下来要做的就是招商。但是各种招商渠道、招商平台有珍珠也有沙子，效果有好也有坏。谁能够实现精准招商，谁就能够用最低成本和最快速度达到招商目的。这些年我们为上百家企业进行策划招商路演，均取得非常优异的效果。

目前很多企业招商效果不理想，我总结传统招商效果不佳有三大误区：

①**产品好一定好招商**。很多厂家认为自己的产品非常好，原来我们是为国外大牌贴牌生产，现在自己做了一个和国外大牌一样的产品，技术先进，品质过硬，应该很多人愿意做我们的代理商。答案是不一定。

②**项目赚钱一定好招商**。很多厂家设计了非常丰厚的分钱模式，认为只要把钱分到位就能招到商。答案是不一定。

③**现场重形不重神**。很多企业的招商会现场非常重视形式，彩旗飘飘，抽奖搞搞，小酒喝喝，这种形式的招商很难打动渠道商，有形无神让招商效果大打折扣。什么是"神"？简单讲就是有内容，有价值，有亮点。

这些年我们在为企业策划招商路演的过程中，形成了一套我们独特的操作模式与指导理念，与市面上绝大部分单纯的招商公司有本质的差异。

首先，对招商的理解不同。招商不是简单开个招商会，**我们重新定义了招商：招商等于招募商业合伙伙伴**。别看这么简单的一句话，背后有非常详细的操作体系。

其次，明确招商的三个目的。第一个目的是看到新希望。展示企业、项目和他的关系与带给他的价值，让他相信你，你要路演出"你是他的拯救者"，要从"过去、现在、未来"的维度描绘蓝图，看到新希望。**第二个目的是讲到他心动**。围绕"前途"和"钱途"展开，两途要讲到他心花怒放，通过"两途"让他信任你，更是他改变人生命运的绝佳机会，一定让他心动。**第三个目的是坚定信心干**。发现他的亮点，解除他内心的疑惑，不断鼓励他并进行自我内心确认，让他下定决心干这份事业。

最后，做好招商的顶层设计、活动创意、执行细则与团队训练。

当企业制造出一种新产品后，要根据产品的市场定位、产品特点、渠道特点选择适合本企业的加盟商。企业会要求加盟商拥有运作市场的能力，并不是有钱就能成为一个优秀的加盟商。

同时，企业也要注意，如果加盟商选择不当，在以后的市场经营中就会因为加盟经营能力不足，影响市场的正常运作。而企业的支持往往是与销量挂钩，给不了加盟商过多的支持，导致合作的脱节，最终也把企业拖垮。

2.扶商

招商的最终目的，是为实现企业的目标——变现。但是，有些企业招商成功后就放之任之，这是错误的。正确的做法是不仅要为他们解决一些实际的难题，同时也要进行必要的扶商。扶商就是对渠道合作商的帮扶，**我们建议品牌商一定要有一套"帮扶计划"，绝不能只实现产品库存的转移**。跑马圈地抢地盘，实现快速招商，已经成为很多品牌商或厂家的年度重要工作。我们发现太多企业存在一个大问题，就是招商很快，但成活率一直不高，导致重复的工作不仅年年做，而且招商难度越来越高。

对于信息越来越透明化，渠道合作商生存越来越艰难的情况下，重招商轻养商，后患无穷！

这些年，我们帮助项目打磨企业不仅打造招商路演体系，更是构建扶商的"帮扶计划"，通过帮扶计划赋能渠道合作伙伴，**我总结了"扶商八大法则"**，通过这八个方法，实现既"招"又"养"。

①建立标准，适者上车。对于新合作商的选择不能盲目，不能只看是否有钱，对于那种拿点货尝试一下的，更不准上车。品牌商要建立合作商的标准，让真正合适的人进入，切记"选对"比"帮扶"更重要。

②帮助合作商理清思路，找到适合的盈利模式。作为品牌商既有统一的合作标准，更要有帮助合作商提供咨询的能力，"一商一策"是关键，尤其是帮助合作商找准盈利模式是扶商的首要赋能职责。

③**精准辅导选址，精准匹配适合的产品结构**。对于品牌商来说，不能收完钱，给一本标准操作手册让合作商自己去干，这种风险巨大。品牌商要有一群能够帮助合作商精准选址的人员，根据市场与用户群体精准匹配产品。

④**人员培训**。人员始终是合作商的核心竞争力之一，一个强大的团队可以助力合作商高速发展。无论合作商是否有经验有能力，都要进行培训，完成品牌商要求的"必修课"。

⑤**帮扶试营业，策划有轰动效应的开业，走出生死期**。要让合作商有试营业期，通过试营业发现问题，及时复盘改善，试营业能够形成高品质的运营，品牌商要协助合作商策划有影响力的开业，为合作商奠定扎实、可持续发展的基础。

⑥**举办经验交流会**。请做得好的合作商当老师，分享自身成功经验，形成"经验值"可循环、可变现，经验交流会可以是线下也可以是线上，还可以做成企业内刊的形式，让宝贵的经验赋能整个渠道网络。

⑦**活动赋能**。未来的品牌商必须有活动创意策划的能力，活动最好带有本企业特色，而不仅跟随"五一""十一""双十一"等大家都在做的这些同质化活动。比如我们为项目打磨企业广东欧帝洁策划的"中国人的沐浴革命"；无锡庆源激光的"价值创新论坛"；正皓茶的品鉴会等，都具有本企业特色，给合作商带来了非常好的经济效益和用户口碑。

⑧**超级年会不能少**。超级年会应该成为赋能合作商的重要活动，应该形成品牌商每年的标准动作，通过超级年会进行超级产品发布、品牌价值路演、年度重磅培训、优秀合作商的重磅奖励，让超级年会成为扶商养商的梦想舞台。

有些企业仍然搞不明白如何适应市场的变化，更好地为加盟商服务，那就从现在开始，整个企业的营销系统都要围绕此主题展开，尽快制定适合本企业的一系列扶商措施，强化服务，提升品牌商自身团队的水平与能力，通过扶商让渠道网络壮大起来。

3.育商

育商，简单讲就是培育、培养、培训合作商，唯有如此，企业的渠道网络才会变得强大，合作商运营品牌的能力才会持续提升，终端的变现力才会变得强劲。

可是，大多数企业认为招商工作完成之后就万事大吉了，把育商工作抛到九霄云外。没有培训，没有扶持，任其野蛮生长甚至自生自灭，一段时间之后，有的合作商走投无路干脆放弃合作，再重新寻找其他"婆家"。

当一家加盟商或代理商失败后，就会出现多米诺骨牌现象，其他代理商也会随之失败，企业想再在本区域招商可不是那么容易了。在此地，你已经被列入了黑名单，大家会有这样的口碑：某某品牌没办法做起来，还是另找好企业合作吧。

因此，**招商工作的完成只是个开头，关键是后面的持续育商工作做得如何，这才是考验一家品牌商的经营能力的关键。**

为人父母的都知道，生孩子不易养育更难。为什么这样说？当孩子长大了，有了自己的思考和对事物的独立认识后，渐渐学会了与你顶嘴，不服管教。此时的父母就有责任把孩子教养成一个尊老爱幼、知书达礼的人，如果不这样做，以后孩子惹了祸，父母也要承担责任。对于加盟商也是同样的道理，企业必须把加盟商扶上马后再陪送他一程。

育商关键是"育"什么？我总结为"三育"。

首先是"育心"，通过品牌文化的培训，以及长期的培育，让品牌文化"入心"，合作商与品牌商要志同道合，所以对合作商的品牌文化、价值观的培训是一项长期工程，一旦开始就不要停，重复重复再重复；

其次是"育力"，持续不断地培养、培训合作商的能力，品牌商的营销人员或者市场人员要有当教练的能力、培训讲课的能力，通过培训与教练，让合作商的营销能力得到持续提升；

最后是"育习"， 育习就是培训养成某些习惯的方式，习惯的力量是非常强大的，品牌商要培养合作商的习惯力，要养成带有品牌商自身特色的习惯，把习惯融入日常生活和工作中。

渠道网络变现的关键在于持续育商，比如是否持之以恒，是否不断培训，是否随时交流。另外，有没有把合作商培训到拥有独立的盈利模式，走出一条属于自己的营销之路。对于大多数代理商来说，此后只需要把盈利模式一项一项地执行下去，就能够获得丰厚的利润，企业才算选对了超级变现的核心方向。

路径三：技术变现

你能制造出汽车我也能，你能制造出舰船我也能，这不叫技术，这是流程。真正的技术是别人掌握不了的，比如制造航天飞机、原子弹、电子芯片，这是核心技术。**而当技术可以成为商品时，如何变现？变现方法包括技术转让、技术合作、技术输出、技术置换。**

1.转让

当一项技术被发明创造出来以后，可以为企业带来巨大的利润时，技术就是有价值的，也是可以变现的。到底是通过什么方式变现？转让就是技术变现的一种方式。

"京东新动能计划"是京东在多年的商业活动中摸爬滚打总结出来的技术，整合核心业务、利用资源优势，以云计算、AI、IoT、大数据、区块链等技术，推出的新能动计划，为政府、企业提供数字转型、智能升级、融合创新的动力。

在京东，上至董事长下到一般员工，对于技术的苦苦追求始终如一。刘强东在京东2017年年会上曾表示：未来十二年只有三样东西——技术！技术！技术！

"京东新动能计划"是京东无数个业务部门齐心协力创建的技术服务项目，由深耕企业市场多年的业务主管部门，以及另外一个智能部门——京东智联云共同研发，这两个部门可不是一般的部门，一个是最理解企业运营管理的行业智库，一个是相当于大脑般的智能技术提供者，这为"京东新动能计划"的成功研制做出有力的基础保障，所以，这个项目在投放市场后引起强烈反响。

企业发明出来的某项独特的技术，通过签订转让合同，被其他企业或个人拥有所有权，这种技术变现的方式，属于"一次性买断"模式。相当于画家出售画作，作曲家出售曲子。原发明创造者将不再拥有该技术的所有权。

2.合作

技术变现除了技术转让外，还有技术合作的方式。这是因为有些企业为了今后的发展，在本企业技术力量薄弱的情况下，采用的办法是与其他公司或者科研单位进行技术合作。

技术合作是发明者以技术为代价入股一家企业，企业将技术产业化，技术方提供技术支持。技术不可能像汽车或飞机那样，企业拿过来就可以使用。一般情况下，技术合作后需要技术方提供技术服务。

技术合作方式变现，企业把技术进行评估，按照一定的比例，如企业占40%股份，技术占60%股份。比例的大小，是技术方与企业双方协商的结果。

未来技术研究所与绿洲软件园合作成立"移动互联委员会"，立足于研究与企业融合深度合作，共同建设开发"移动互联"专业方向。

移动互联委员会共同完成课程资源开发，包括《Java核心编程》《Android开发基础》《Android进阶开发》《Android实训项目1》《Android实训项目2》等，以新技术的有效嵌入，形成完善的人才培养方案。

共同协助学生参加职业技能大赛。研究所与企业双方组成联合指导团队，共同培养学生的职业技能。在省级大学生软件设计大赛中，获得"手机程序设计"赛项一等奖；在市级大学生软件设计大赛中，获得"基于FunCode的平台建设"赛项一等奖、"手机程序设计"赛项二等奖。目前，"移动互联"专业方向的同学正在参加省级职业技能大赛。

共同建设国家"移动互联网应用"教学资源库。校企合作项目锻炼了教师教学资源库建设能力和课程建设能力，以此为基础，移动互联委员会承接了国家"移动应用开发"专业教学资源库建设项目中"移动WEB应用技术""移动应用服务器端开发（基于PHP技术）"课程的建设任务。

研究所与企业通过合作，未来技术研究所实现了"计算机技术"专业群的快速优化和专业结构调整，加速了移动互联专业方向建设。形成了研究所与企业合作如何尽快适应区域经济发展目标的模板，为研究所以后与企业合作奠定了基础。通过合作，发挥技术与产业资源优势，促进绿洲软件园的培养规模增加和辐射区域扩大。

通过研究所与绿洲软件园的合作，不仅形成了"一对多"的合作布局，而且体现了信息技术专业的发展特征。

技术研发者与企业合作，是利用技术帮助企业更快捷地生产出新产品，达到企业的既定目标，这也是技术变现的另一种途径。

3.输出

技术输出大多是指国与国之间技术转让，是一个国家向另一个国家提供先进技术的意思。有三种形式：**一是产品技术输出，**如一个国家向另一个国家提供产品，如"二战"时美国向其他国家出售各种武器。**二是设计技术输出，**如向其他国家提供设计图纸、计算公式和技术资料等，如一国将制造汽车的技术提供给另一国。**三是技术能力输出，**如向别国传授科学知识和技术经验，派遣科学家和技术人员。

归根结底，技术输出其实是技术变现的一种方式。如果一个国家研发出一套先进的技术，输出给其他国家，这就是输出变现。"二战"以后，经历过战争洗礼的国家率先开始探索科技新思路，通过为其他国家提供技术能力，扩大经济收入。

多年以前，我国车企没有传统的核心技术，技术力量远远落后于欧美等超级发达国家。改革开放后大批国外车企进入中国市场，名义上是合资，一般是中方负责开拓市场，外企提供技术支持。

近几年，在新能源汽车研发方面，由于国家高度重视和企业大力研制，中国具备了先发优势，部分技术领先的国内企业已可以利用自身实力寻找合作伙伴和国际市场，如比亚迪和丰田汽车、日野汽车相继签署合资协议。

2021年1月，北汽新能源与斯太尔美国有限责任公司签署《E/E架构非独家许可协议》。按照协议，北汽新能源将向斯太尔美国公司技术许可E/E架构知识产权，含分许可；斯太尔美国则支付北汽新能源技术许可费，其中固定价款为1.92亿元人民币。

早在2020年，我国汽车专利公开量为29.5万件，同比增长8.05%，保持稳步增长态势。其中，发明专利授权量为6.4万件，同比增长2.61%，反映了中国汽车企业技术创新能力逐步加强。从技术发展看，聚焦新能源与智能网联汽车，两者专利占比总和达43%，其中新能源汽车专利公开量同比增长16%，智能网联汽车领域同比增长18%。在数量增长的同时，中国车企在部分关键核心技术领域，也取得了突破和进步。

至此，中国汽车产业已逐步拥有了向外输出技术的信心与实力。对于正在积极开拓国际市场、意欲实现"双循环"的自主品牌车企而言，在大力推进产品和制造输出的同时，也可以开始考虑技术输出了。一方面，转让专利技术的利润较高，是一条比单纯在国外进行汽车产品销售更高级的"生财之道"。通过技术许可，可以提高知识产权使用效率，实现技术创新的收益转化。

在未来新能源领域全新升级"中国智造"正在成为一种可能：突破国际行业壁垒，从"产品输出"转为"技术输出"，以能源技术硬实力为依托，在全球产业链中占据高端。

路径四：资源变现

资源要形成一定的价值，唯一的方法就是进行变现。**一种方法是进行资源组合，最大限度发挥资源的利用率。另一种方法是把零散的资源进行优化后再变现。**

借力用力是资源变现的最佳途径，企业想在激烈竞争中站稳脚跟，基业长青，走向价值创造的顶峰，资源变现是必杀技。

1.资源共享

停车难，一直是每个城市管理的难点。有些车临时找不到停车位，而有些车位会在一定时段空置，如何通过智慧调度，巧妙地共享停车资源？实现小区车位共享，技术上早有解决方案。利用NB地磁，可实时探测泊位是否被占用；低位视频停车设备，则可以记录车牌和泊车时间。将这些收集到的数据联网，便能实现泊位在线智能管理。这是车位共享的案例。

提起共享经济，人们马上联想起Uber、滴滴等这些资源共享。个人对企业、企业对企业的资源共享创新层出不穷。谈到共享经济，就要清楚共享经济的本质。平常大家开玩笑的一句话：你的就是我的，我的还是我的。另外一层含义就是，共享经济更多的是陌生人与陌生人之间基于信任建立了价值高效交换的原则。

对于资源方而言，把属于自己的物品使用权或价值，提供给另外一方，并获得等价的金钱，仍然占有资源所有权；对需求方而言，拥有资源的使用权，这是通过租、借等方式获得的权力。共享经济实际上是整合物品或服务，以较低的价格提供给需要者。

在整个过程中，共享经济的方式是让资源方与需求者直接对接，比如共享单车，只要加入这家单位，用手机扫一下码就可以骑走，根本不用向车辆拥有者办手续打招呼。用一个词语解释就是"去中介化"。于是，越来越多的共享单车出现在全国各个城市，发展到后来，共享电动车出来了，甚至还有共享电动汽车。

再比如共享店铺，这是把自己拥有所有权的店铺共享出去，让别人带来客人进店消费，你从中获得利益，别人也可以获得利益的一种方式。

共享云盘也是一种资源共享的方式。只要在电脑或手机上下载这个软件，再按照其提示完成注册后就可以使用，比如百度云盘、360云盘，都是属于共享的模式，尽管达到一定的规定后要交一些资费，但使用的人还是很多。

还有人通过自媒体把自己看到的、听到的或自己正在做的事情通过平台发布出来，与大家共享，从中获得点击量的变现，比如抖音、快手。因此，才有人总结出"人家在演，你在看。人家挣钱，你耗电。看完视频，人家数钱，你充电。人家发财，你没变。"这种戏谑话语。

2.流量变现

最早流量这个词语是出现在统计工作中，一是用来统计一个城市的每天或每月的进出人数是多少，二是用来统计某条高速公路在某个时间段有多少辆车通过。

后来随着互联网技术的提升，手机上浏览一个网页的字节数称为流量，比如手机资费套餐中包含的流量有1个G或10个G不等，超出了套餐中的流量就要额外缴费。再后来，流量一词演变成一条消息或一个视频的观看人数，也就是点击量。观看这条消息或视频的有多少人次，比如十万人次、一千万人次等，发布者获得利润就按点击量来计算的。这就是流量变现。

许多人以流量变现的方式获得利润，比如财经作家吴晓波，他就有一个专门播放财经事情的频道。他采用的办法是在财经这个细分市场，利用早已获得的读者群体，快速树立起自己的形象，积累了一大批用户。随着用户基数和黏性达到一定的程度，内容本身变现或者嫁接商业价值就水到渠成。

他是国内数得着的财经作家，曾被评为"中国青年领袖"，在大批读者群体中有很高的影响力。自从他的频道上线后，谈的全部是财经方面的事情，每次播出半个小时。仅仅三个月之后，"吴晓波频道"的观众就突破200万人。

大家都知道，想提升观众流量，不是糊弄一下就可以做到，必须要有吸引大众的内容，能引起观众兴趣的东西，"这个时候投机取巧的办法没有意义，还是扎扎实实把内容做好，做一个可持续供给内容的人。"去年吴晓波频道推出一个叫大头思想课的视频。其初衷就是帮助那些想了解军事、历史、政治、人文、哲学的财富人群，给他们传输对应的高品质内容。"这就是新的可能性发生，在任何一个圈层中，我始终认为有好的内容，只要能够产生，一定可以找到喜欢你内容的人，哪怕他非常非常的小众，只要找到他们，就有价值，或者找到本身就实现了价值。"

其实，吴晓波也曾经尝试过电商变现，但是行不通。他抱着试一试的心态，在频道上开启了一种酒销售。效果并不怎么样，卖了几天也没卖出多少，后来不了了之。

罗振宇靠内容获得流量广告来变现，挣钱并不是他最终的目的，他所看重的是微信里那些用户。他的操作方式是先建立社群，再让大家互相连接，嫁接资源，进而产生商机，他要让每个人靠朋友圈的权威和信任形成资产，借此大量的人会去重建商业文明。

罗振宇将目标用户锁定为年轻的白领。这类人群有共同的特点，希望找到精神上的优越感。他为这些人创造出一个独立思考的捷径，最大程度唤起他们的思考能力，激活他们的动力并养成分享的习惯。

视频是他建立社群的名片。通过广泛的传播，那些和他趣味相同的人纷纷聚集，参加各种互动。同时他进行了两方面的尝试扩散，首先是连接内部会员关系：比如举办霸王餐活动，让会员说服全国各地餐馆老板贡献出一顿饭，供会员们免费享用，借此达到传播的目的。第二种则是向外部扩散的。比如罗胖售书活动、众筹卖月饼活动、柳桃的推广活动。借这些项目，社群里的人可以对外销售商品，从中得到回报。更重要的是，这些人可以在300万用户面前展示自己，获得支持。

有内容也有精神，罗振宇把社群做得多姿多彩，为流量变现提供了很好的案例。

人＝流量＝金钱，不得不说，总结出这个公式的人真是天才。说到底，流量在哪里，钱就在那里。

3.整合＋融合

资源在整合之前是青铜，经过一番整合后就变成了王者。比如北京的地铁口与公交站整合在一起，方便大众的出行。两家合并在一起的企业，无论是在管理方式，还是在营销渠道方面都不是完全相同的，但经过一段时间的管理，便会融合成一个整体，形成一家完整的企业，这就是融合。"整合＋融合"较难成为一体，一旦成为一体，效果将十分显著。因此，**资源变现最有效的方法就是"整合＋融合"。**

一个曾经获得过很多荣誉称号的中等城市，山川秀美、人杰地灵，有着丰富的生态资源、文化资源。怎样用好已经取得的荣誉，实现效益最大化？怎样将资源优势、生态优势转化为经济优势、发展优势？这是值得城市领导者研究的课题。一味"靠山吃山"、坐吃山空，只利用不保护，是不行的；坐拥秀美山川，不会科学利用，实现不了资源变现。想达到目标，应该整合资源，加速文化和旅游深度融合发展。

在经济发展过程中，传统产业正在转型升级的途中，很多企业往往跨界"混搭"整合资源，以求推陈出新；无论传统企业改变经营方式，还是重新开拓市场，都要靠文化创意实现变现。文化创意无处不在，成为企业发展的灵魂。因此，应该抓住文化产业高速发展的契机，积极整合丰富的文化资源、生态资源，以实现文化旅行的深度融合。

整合不是随意原地拼接，更不是异想天开地叠加。如果卖点只是土特产或几首民谣，或者只是搞一两个工程、推出几个项目，恐怕难以达到变现的目的。必须把文化和生态资源用"整合＋融合"的方式，形成文旅融合发展的新业态，适应大众的新需求，才能有所发展。应该鼓励文旅企业深挖文化内涵，大胆创新，点亮文化，激活生态资源，使文化创意成为旅游的灵魂，也使绿水青山成为城市加快发展的雄厚资本。

在文化创意产品方面，以"文化创意"为主题，突出"融合＋整合"，使文创产品魅力四射，成交额再创新高。事实证明，"融合＋整合"行得通，发展前景广阔。

资源变现的"整合＋融合"，只是变现途径的一种，这会让企业插上再次腾飞的翅膀，且能够继续发扬光大下去的有效模式。

路径五：用户变现

在互联网当中，如果你的用户数积累到一千万的时候，你需要考虑的是如何把这批用户变现。能够变现的用户大多是对某种特定的产品有着无限的忠诚度，有这样的前提作为基础，他们是不会因为其他因素的变化而改变自己的意志，他们认可这种产品，并会一直使用下去。

1.互联网

互联网平台变现的手段是：广告、电商、金融、信息/数据、增值服务。

①广告变现

通过接入广告获得收益，这是大家梦寐以求的。比如前几年的PAPI酱，通过自己的几条搞怪视频，获得几千万的广告费用，着实让全国上下的网友眼红。

再比如四川美食网红李子柒，一个"90后"的小姑娘。她将具有四川当地特色的美食做成视频，发布到网上，竟然获得大赞，李子柒从此获得越来越多的关注，2020年8月，成为成都非物质文化遗产推广大使。知名度和流量的上升，也为李子柒带来了不小的收益，其中有一部分就为广告收入。

②电商变现

从事这方面工作的人多到数不胜数。不管你是卖飞机、卖火箭，还是卖口红、卖创意，都属于电商范畴。企业方面比较有名的有饿了么、京东、美团等都是电商，并且这类企业拥有大量的用户，可以说是电商中最有力的竞争者，同样，这些企业的变现能力也是大多数企业望尘莫及的。

③金融变现

金融变现是一个想象空间非常大的盈利模式。它不仅仅是盈利模式，更是对整个产品商业逻辑的有力拓展，这也是许多创业故事喜欢跟金融变现结合的原因所在。

比如你在手机上买台电脑，会有一条消息弹出来，问你需不需要分期；点外卖套餐，有时就会弹出一条金融广告：XX贷款，贷三十万前三个月免费，平均每个月利息不到六十元；打开美颜相机，也会出现借钱广告；有时候你想换个输入法打字，也可能不小心点入借钱的页面。很多流量巨头开始涉足金融领域，"超低利率""0门槛申请""随借随还"等这些广告语，在网络上随处可见。

④信息/数据变现

信息/数据变现的前景是一片光明，但不会是一帆风顺的，需要持续关注、耐心经营。企业在开启信息/数据变现后，采取哪种商业模式，需要看看自己占据了什么优势，再做具体的行动方案。需要特别指出的是，信息/数据变现需要保持对数据的敬畏之心，特别注意个人信息安全和隐私保护。这是信息/数据变现的底线。

⑤增值服务变现

增值服务变现通过给予付费用户额外服务，如会员、特权、更多功能等来获得盈利。做增值服务的时候，也要抱着深挖掘用户心理需求的理念去经营。首先要升级品牌诉求，你不仅仅是在出售一个产品，而是出售一个有感觉、有面子的产品，所以，品牌诉求上要升级。其次要分析用户痛点。找到用户的痛点然后逐个去解决，比如通过服务和流程，解决用户需求，之后要发现新的需求点，然后再运营规划，做推广，通过技术运营和创新运营，实现流程的自循环。

2.实体企业

只要一谈到商业，大家共同的反映是买卖越来越难做，钱越来越难赚。但是，机会总是有的，随着移动互联网社交营销趋势加深，很多实体企业、商铺想要介入移动社交端分羹一杯，平台的选择格外重要，微信、抖音线上引流推广模式已成为实体商家转战社交平台的常规渠道。

随着科技的进步，结合人工智能、刷脸支付等零售店，也是实体企业变现的一种途径。

玛丽黛佳在上海正大广场率先设立国内首家美妆无人店，销售口红、底妆和卸妆多种产品，并配置自助点单机，开启"线上下单、送货上门"的服务。为了提升购物体验，店内还设置了三台机器人，你可通过机器人询问什么产品好以及怎样操作无人贩卖机。

另一家无人书店也在上海开业。店内面积宽敞，其中有通识、文史哲"两个书店"，让读者能在同一店实现多种阅读体验，满足读者的个性化需求。

一家智能健身室在南京开业，作为苏宁再次入局无人经济的代表，这家社区化无人健身房建在素有"用户身边的o2o平台"之称的小店，集健身、购物、休闲于一体。

在餐饮方面，斥资1.5亿打造的海底捞全球首家智慧餐厅在北京正式营业。所谓智慧餐厅，就是从等位点餐，到厨房配菜、调制锅底和送菜，都融入一系列"黑科技"，实现了"无人化"服务。

海底捞智慧餐厅，后厨区没有洗菜工、配菜员、传菜员，完成这些工作的全部是机械手臂。就连表演拉面的小哥和美甲擦鞋的服务员都不见了，取而代之的是全屋环绕式立体投影。

无独有偶，2020年底，阿里的无人酒店在杭州开业。入住和退房全程无人操作。酒店内没有大堂经理，甚至连打扫卫生的人员都不见踪影，所有工作全部交给了人工智能。

无人商业大行其道是消费升级的结果，客户对制作过程追求方便快捷，乐于尝试多元的消费景。

在传统零售渠道全方位受阻的环境下，"直播+"模式改变传统销售模式，极大降低经营中的流量成本。

随着客户的变化和科技的发展，无人商业确实为实体商业提供了多种变现途径。但在求新求变过程中，为消费者提供优质的服务，应是创新升级的落脚点。这些实体商业的创新，才会为行业带来动力。

3. 商业

知乎遵循"以内容为中心的多元化"变现方法，线上广告、付费会员、商业内容解决方案以及其他服务成为主要变现途径。其在商业多元化布局上已初见所成。另外，作为在商业化方面的新尝试，其内容营销服务也在稳步推进。知乎推出商业内容解决方案，成为第一家推出综合内容解决方案的企业。

雷军曾经说过一句经典的话：站在风口上，猪都能飞起来。

不管是互联网还是实体，要想达到变现的目的都离不开用户数量。而对多数商家来说，即使有用户，也无法达到太高的级别，只能是依靠有限的用户数量，赚点养家糊口的钱而已。而且，依靠用户数量变现的关键是：如何添加新用户留住老用户？不同的商业环境有不同的方法。

添加新用户留住老用户是商业变现的主要途径。对各行各业来说，增加新客户都要经历几个步骤，结合销售的产品确定目标顾客的基本范围，接下来是有目标性地制定营销策略。

对火爆眼球的外卖行业，增加新客户的方法稍有不同。获得外卖的渠道是互联网平台，客户知道你家的菜品是通过浏览手机得知的。此时，你在平台上的排名就特别重要。而对于有一定知名度的商家，销量多少，客户评论怎样一目了然。但那些刚加入的商家就没有多少销量，也没多少好评价。

办法是掏钱向平台买名次和好评，这样做的优劣势一看便知，优势是见效快，劣势是投资有点大。另外，商家还可以采取促销和折扣来吸引客户，同时借力平台的大力支持，迅速做高销量，提升人气。对于商家而言，这是最经济的方法，所以，开发新客户的有效方法是广撒网多积粮，了解你的客户越多越好。

留住老客户有些笨方法是值得学习的。很多企业都有一套提高用户忠诚度的办法，否则企业不可能有继续走下去的机会和资本，而留住老客户比开发新客户更容易实现。**忠诚度的提高直接影响留存率，这在很大程度上有赖于情感的介入，这是一个漫长的过程，开始于售前，却不止于售后。当潜在客户表现出对产品的兴趣时，忠诚度的建立就开始登台了，当客户完成购买行为后，贴心的售后服务可能会是打开客户心理防线的钥匙。**

路径六：股权变现

经营良好或大有潜力的企业股权会特别抢手，因为这类企业在股市是特别受欢迎的。很多风投都选择这样的优质企业，希望获得此类企业的股权，只要具备优质企业的特征，就有迅速将股权变为现金的优势。

1.融资

融资是企业筹集资金采用的方法，其途径包括信贷融资、招商引资、民间借贷、融资租赁、银行承兑汇票等几种方式。

信贷融资属于间接融资方式，是市场信用经济的融资，是企业向银行申请贷款的主要方法。

信贷融资的种类：（1）按期限分类：短期贷款、中期贷款、长期贷款。（2）按有无担保品分类：信用贷款，担保贷款。（3）按资金来源分类：政策性银行贷款、商业银行贷款、保险公司贷款等。信贷融资的方式：（1）银行抵押贷款，直接贷给企业。（2）对个人的抵押贷款和消费信用贷款，贷款给企业股东个人。（3）有担保的信用贷款，主要贷款给附属于大企业，为大企业提供服务和配套产品的中小企业。信贷融资的条件：（1）必须经过国家工商银行行政管理部门批准设立，登记注册，持有营业执照。（2）实行独立经济核算，自负盈亏。（3）有一定的自有资金。（4）遵守政策法令和银行贷款，结算管理制度，并按规定在银行开立基本账户和一般存款账户。（5）产品有市场。（6）生产经营有效益。（7）不挤占挪用信贷资金。（8）诚信为本。

招商引资有很多种。以企业招商引资为例，要实现招商引资的转型发展和大突破，必须创新招商引资方式方法，在专业化、针对性、实效性上下功夫。一是搭建专业化投资促进平台；二是推进以商招商。充分发挥企业的联络效应，通过企业主动牵线上下游合作伙伴、商界朋友前来投资；三是创新市场化招商方式。四是充分利用开放载体招商。

民间借贷也是企业融资的一种途径，这种资金筹集渠道因为门槛低、手续简单，深受一些人和中小企业的喜爱。主要有民营银行、小额贷款、第三方理财等，除了这些传统的民间借贷形式，典当行也成为民间资本一大新的流向。不过，大多中小企业更希望通过银行借贷的方式来进行融资，然而在商业银行方面，更愿意贷款给实力雄厚的大型企业，许多中小企业被各种严苛的条件拒之门外。因此，中小企业选择民间借贷是相对来说较为容易的融资渠道。

融资租赁。出租方根据承租方对供货商、租赁物的选择，向供货商购买租赁物，提供给承租方使用，承租方在契约或者合同规定的期限内分期支付租金的融资方式。

想要获得融资，企业本身的项目条件非常重要，因为融资租赁侧重于考察项目未来的现金流量，因此，中小企业融资租赁的成功，主要关系租赁项目自身的效益，而不是企业的综合效益。此外，企业的信用也很重要，和银行放贷一样，良好的信用是下一次借贷的基础。

银行承兑汇票。企业可向银行申请签发银行承兑汇票，银行经审核同意后，正式受理银行承兑契约，承兑银行要在承兑汇票上签上表明承兑字样或签章。这样，经银行承兑的汇票就称为银行承兑汇票，银行承兑汇票具体说是银行替买方担保，卖方不必担心收不到货款，因为到期买方的担保银行一定会支付货款。银行承兑汇票融资的好处在于企业可以实现短、频、快的中小企业融资，可以降低企业财务费用。

企业融资途径不限于以上几种，此外还有不动产抵押、股权转让、提货担保及互联网金融平台融资等。

2.上市

大多数人认为企业上市就是为了圈钱，其实，这并不是企业上市唯一的目的。因为上市对企业有以下几个的好处。

首先是吸金。目前，法律和政策对上市企业给予了最大程度的支持和倾斜，如允许上市企业发行债券、用二级市场交易的股票市值作为质押物向银行融资。等于把上市企业打造成为资金的宠儿，为上市企业拓展了最多元的融资渠道。而且上市后有机会筹集资金，以获得资本扩展业务。

其次是安全性。上市企业是公众公司，上市企业发起人股东的利益是和最广大的购买股票的人民群众利益联系在一起的，对财产的安全性能够起到保护作用。

再次是价值最大化。上市后，股东权益衡量标准发生变化。原来所拥有的资产，只能通过资产评估的价格反映价值，但将资产证券化以后，通常用二级市场交易的价格直接反映股东价值，股东价值能够得到最大程度的体现。

另外是便于流通变现。上市企业的股票具有最大程度的流通性。比如以下两家企业。

腾讯音乐于纽约交易所挂牌上市，腾讯音乐在国内市场占尽优势，高市场占有率下，腾讯音乐快速实现盈利。腾讯音乐盈利的秘密，在于多元化变现。招股书显示，2018年上半年，腾讯音乐总收入86.19亿元，同比增加92.17%，主要业务收入为社交娱乐，2018上半年收入60.66元，占总收入比例达到70.4%；在线音乐服务，2018上半年收入25.53亿元，占总收入比例达到29.6%。截至2018年9月，腾讯音乐社交娱乐服务收入及其他收入为95.72亿元，占腾讯音乐总收入比70.4%。

占据主要收入来源的社交娱乐业务，从2016年的22.17亿元增加至2017年的78.32亿元，同比增加253%，占公司总收入比例从2016年的51%增加至2017年的71%，付费用户从2017年的第二季度710万增加至2018年第二季度的950万。

　　蚂蚁集团科创板上市注册生效后，A股发行股数不超过16.71亿股，占发行后总股本数量（A股+H股）的比例不超过5.50%；全额行使超额配售选择权，此次A股发行股数不超过19.21亿股，占发行后总股本数量（A股+H股）的比例不超过6.22%。

　　此前，蚂蚁集团2020年8月25日提交的招股说明书显示，蚂蚁集团拟在A股和H股发行的新股数量合计不低于发行后总股本的10%，发行后总股本不低于300.3897亿股（"绿鞋"前），意味着将发行不低于30亿股新股。本次A股发行可引入"绿鞋"机制，超额配售权最高不超过15%。

　　蚂蚁集团评估过前期投资者的意向后，计划将"A+H"两地首次公开发售（IPO）集资额目标由300亿美元，提高至350亿美元（约2330亿人民币），增加逾16%；上市估值也由2500亿美元提高到2800亿美元（约1.9万亿人民币）。而最新一期的机构研报显示，瑞信给予蚂蚁最高4610亿美元估值。

　　若此次蚂蚁集团按照原计划募集资金的话，那么发行价预计将为按照原股份发行的近一倍。若按照最新的招股说明书6.6%（即19.21亿股）来募集的话，预计募集1530亿元左右的资金。

　　此外，企业上市变现还有慈文传媒、祥源文化、大连圣亚等。

　　最后是筑巢引凤。上市企业对市场上的人才有天然的吸引力，即使薪金低点，也愿意到上市公司去打工。向员工授予上市公司的购股权作为奖励和承诺，能够增加员工的归属感。

　　还有广告效应。证券市场发展到现在，上市企业也是稀缺资源，必然成为所有财经媒体、亿万股民每天关注的对象。能够提高企业在市场上的地位及知名度，赢取顾客对供应商的信赖。

　　面对上市，绝大多数公司都会满心欢喜地高调庆祝，对业务的发展有一定的促进作用。上市公司摆在那里，不会跑路，相当于一张令人信任的名片，在做生意时会减少一些环节的阻碍，更重要的是可以股权变现。

3.转让

中小企业通过转让部分股权而获得资金，从而满足企业的资金需求。中小企业进行股权出让资，实际是想引入新的合作者。其实也是股权变现的一种方式。具体有如下几种方式。

持份转让与股份转让。转让持有的份额，在中国是指有限责任公司的出资份额的转让。根据股份载体的不同，又可分为一般股份转让和股票转让。一般股份转让是指以非股票的形式的股份转让，实际包括已缴纳资本然而并未出具股票的股份转让，也包括那些虽然认购但仍未缴付股款，还不能出具股票的股份转让。股票转让还可进一步细分为记名股票转让与非记名股票的转让、有纸化股票的转让和无纸化股票的转让等。

书面股权转让与非书面股权转让。股权转让多是以书面形式来进行。有的国家的法规还明文规定，股权转让必须以书面形式，甚至以特别的书面形式（公证）来进行。但以非书面的股权转让亦经常发生，尤其以股票为表现形式的股权转让，通过非书面的形式更能有效快速地进行。

即时股权转让与预约股权转让。即时股权转让是指随股权转让协议生效或者受让款的支付立即进行的股权转让。而那些附有特定期限或特定条件的股权转让，为预约股权转让。中国《公司法》第一百四十一条规定，发起人持有的该公司股份，自公司成立之日起一年内不得转让。公司公开发行股份前已发行的股份，自公司股票在证券交易所上市交易之日起一年内不得转让。

公司董事、监事、高级管理人员应当向公司申报所持有的该公司的股份及其变动情况，在任职期间每年转让的股份不得超过其所持有该公司股份总数的百分之二十五；所持该公司股份自公司股票上市交易之日起一年内不得转让。上述人员离职后半年内，不得转让其所持有的该公司股份。公司章程可以对公司董事、监事、高级管理人员转让其所持有的该公司股份作出其他限制性规定。为规避此项法律规定，发起人与他人签署于附期间的公司设立一年之后的股权转让协议，以及董事、监事、经理与他人签署附期限的股权转让协议，即属于预期股权转让。

公司参与的股权转让与公司非参与的股权转让。公司参与股权转让，表明股权转让事宜已获得公司的认可，因而可以视为股东资格的名义更换但已实质获得了公司的认同，这是公司参与股权转让最为积极的意义。但同时还提醒大家，中国诸多公司参与的股权转让现象中，未经股权转让各方邀请或者未经股权享有人授权公司代理的情形时有发生。

有偿股权转让与无偿股权转让。有偿权转让无疑应属于股权转让的主流形态。但无偿的股权转让同样是股东行使股权处分的一种方式。股东完全可以通过赠与的方式转让其股权。股东的继承人也可以通过继承的方式取得股东的股权。要注意的是，如果股东单方以赠与的方式转让其股权的，受赠人可以根据自己的意思作出接受或放弃的意思表示，受赠人接受股权赠与，股权发生转让；受赠人放弃股权赠与，股权未发生转让。

解疑答惑：如何通过变现路径组合让企业产生源源不断的现金流？

只有失败的企业，没有消失的行业。企业倒闭的根源就在于现金流断裂！为什么你的企业现金流差？原因就在于你的变现能力差。企业的变现力决定着企业的生命力，企业的变现速度决定着财富增长的速度。要想发展必须掌握变现能力。

如何通过变现路径组合让企业产生源源不断的现金流？

能够变现的方式有很多，流量变现、粉丝变现、内容变现、品牌变现、招商变现、股权变现……选择适合自己的、有效的变现路径组合，才能实现企业的无限价值。

IP流量变现。在短视频营销时代，顺应形势，抓住抖音趋势，能够让"路人"15秒成"网红"，能让"流量"1分钟变"金钱"。因为"网红经济"的本质就是"流量经济"，手握"流量"就拥有了"流量变现"的能力。

路演变现。消费者主权时代，企业家一定要学会路演。在今天，路演无处不在，招兵买马需要路演，领导团队需要路演，团队裂变需要路演，融资股东、招商渠道、销售产品、模式落地、项目发布、吸引粉丝、资源变现等统统需要路演。老总不上台，企业没未来，老总不说话，企业做不大。

资产变现。随着国民理财观念的加强及可支配收入的不断提高，投资理财的需求也在不断扩大。但是提到投资理财，大多数人除了买房和存款别无选择，而房价已经上涨了二十年，会一直持续上涨吗？不会。面对这种情况，该如何进行资产配置？财富管理＝理财规划＋资产配置。在充满变数的经济环境下，资产配置需要科学的、系统的方案，能够规避风险，实现财富保值、增值、超值。

企服变现。创新企业的发展，离不开在背后默默支持的企业服务商，他们立足于各自的领域，为企业的发展提供各种支持。对于企业来说，要想快速做大做强，就要打通合规布局、品牌塑造、拓客引流、全网运营等各个环节。

裂变变现。企业失败的原因成千上万，而成功的原因却只有一个，那就是要抓住所有企业运营的规律以及背后持续增长的核心：无裂变，不增长。裂变策略的顶层布局，是通过资本架构裂变人、钱、资源，通过商业模式裂变三大市场，通过系统裂变场景、IP、社群，通过"社交电商＋新零售"布局线上线下。

招商变现。企业发展过程中离不开现金，没有现金的企业是很难生存的，所以企业想要最快最轻资产的运作，一定是招商。招商是渠道的裂变，你可以找到大客户而不是零售型的客户，因为渠道会帮你不断地裂变更多的渠道，所以裂变的结果不是渠道+渠道，而是渠道的 n 次方。

当企业学会招商之后，就会成为细分领域的第一。因为企业抓住了商业最关键的命脉，就是现金流，当企业成为第一的时候，知名度影响力都会大大拓展，你会发现像苹果、小米这样的企业，不断地举办各种类型的商业活动和发布会，就是在占领细分领域的第一以及扩大品牌的影响力。

在整个商业的活动中，你可以感召到最优秀的人才加盟到你的公司，让一切资源型的人、资源型的股东、资源型的集体向你靠拢，把组织和团队快速的优化，打造一支超级合伙人的舰队。所以，招商不是卖货招商，是在招人、招心、招魂。

第五章

变现方法——
运用超级路演技术

什么是路演？

一天，一个销售葡萄酒的商人与一个葡萄酒品鉴家相遇了，有了一次饶有趣味的交谈。

商人不解地问："有的红酒为什么那么贵？用的不也是那几种葡萄吗？"

品鉴家说："一瓶3000元的酒，味道值1000，故事值2000；一瓶10万元的酒，味道值1万，故事值9万。"

商人恍然大悟："这样啊？那我也要好好编故事就是了。"

品鉴家说："你编的故事，有整有零，值32块5毛4。人家的故事有两个特点：一是有基本的事实依据；二是故事的整理和传播，更多地遵循文化价值而不是商业价值。为了销售而现编故事，是卖不出价钱的。"

比如人家的葡萄园1平方米最多种1棵树，1棵树的葡萄最多酿1瓶酒；你25万亩果园酿了20万吨酒。每亩地是666平方米，每吨能装1333瓶，自己算。人家酒庄的正牌产品要求树龄至少35年，而你20世纪80年代初、90年代初才开始引进葡萄品种……

这个故事我非常喜欢，是教科级的案例，故事虽短小，但带给我们的启发却很深远。

"卖"的时代已经过去，卖是单向的，是利益驱动利益交换，是以成交为唯一目的。甚至为了成交伤害用户，不惜一切代价与手段。"卖"是以产品为出发点，一切以"赚钱"为目的。

"路演"的时代已经到来，路演是双向的，是以构建关系为核心，站在用户角度输出价值体验的过程，是线上线下相结合的交互模式。路演是以"人"为发出点，一切以"为人民服务"为宗旨。

未来时代是以个人 IP 带动企业、产品和品牌发展的时代，路演好"自己"这个世界上独一无二的"产品"是重要的生存智慧。未来时代，"人"才是商业的核心，通过路演连接人，通过路演输出价值，通过路演建立认知才是商业成功的新法宝！

记住：不要卖给我，请路演给我！

首先明确路演是什么。路演不是口才训练，不是演讲，也不是边走边演。很多人把路演误解为演讲或者口才训练，大错特错。路演是具有技术含量的一种新型营销能力，更是新一代企业家必备的顶级商业能力。

路演就是"秀"。秀包含三个层面：秀的核心、秀的策略、秀的目标。

秀的核心是造势。企业越小越需要造势，品牌知名度越小越需要造势，新产品上市需要造势。通过秀、通过造势引发强大的势能，从而快速建立强大的可信任度，达成变现。

秀的策略是建立差异化认知。乔布斯说 iphone 不是一部简单的手机，而是一种智能时尚的生活方式，雷军说小米手机高性价比，OPPO 手机说照亮你的美，同样是手机，通过路演，通过现场的"秀"，快速在用户心智中建立差异化认知，给出选择理由。

秀的目标是赢得人心。产品或品牌通过路演者的"秀"，让产品与品牌有了立体感，不仅体验了产品的技术与功能，更体验了产品与品牌背后的文化，甚至体验到了通过产品与品牌传递出来的态度、情感与一种人文精神和商业美学。通过路演者本人的人格魅力的释放，让用户感受到一个有情有义的人在和我对话，而不是在向我强制性地推销产品，从而俘获用户的心。乔布斯科技巨匠的人格化形象、雷军邻家大哥的憨厚朴实、董明珠雷厉风行敢作敢当的侠义精神、苦难英雄任正非的家国担当，都给我们留下深刻印象，他们都在用自己特色的路演符号赢得人心，获取粉丝的支持。

我为路演也下了一个科学的定义：**路演就是有逻辑的价值体验**。

商业路演的六大类别

商业路演可分为产品、招商、融资、品牌、事业、年会六大类别。

1.产品路演：如何让顾客为之疯狂购买

以某企业能量眼罩的产品路演大会为例，主持人演说：

……下面，以能量眼罩为例做项目简介。这款能量眼罩采用了太赫兹能量频谱技术，它是介于微波与红外线之间的频率段，是波和光子之间的频率范围，也是后6G时代深入开发的频率范围，能穿透常见障碍物，进入人体3—5厘米，改善体液和细胞，打通交换通道，提升身体的自我修复能力，从而逐渐恢复健康。在眼罩的作用下，人们可以改善视力、缓解头疼、改善睡眠。该项技术同样能用于其他疼痛部位，如肩、肘、膝、踝等部位。

我们研发这些产品，是源于自身和亲人健康问题。现代社会的快节奏生活，使很多人的身体都处于亚健康状态，而老人又多发慢性疾病。在寻求健康的过程中，我的亲人都成了受益者，我的母亲就是能量眼罩的高效受益人，视力有所加强，头疼和睡眠困难明显改善。同时，我们也做了两千多人的体验活动，有显著效果的达到75%。产品简便易用，无副作用。个人的健康有利于家庭，有利于社会和国家，我们努力走在科技与健康的探索道路上，成为科技与健康的传递者、促进者和实践者。

……

2.招商路演：如何快速抢占全国市场

招商路演的演说者上台第一件事，不要着急去介绍自己的项目或者方案。第一件事是让听众好好听完项目解说，接着再解说其他的事项。

总结：第一步引发兴趣，解决听众关注的问题。第二步深挖痛点，解决危机的问题。第三步项目介绍，解决需要的问题。第四步信用背书，解决信任的问题。第五步方案呈现，解决回报的问题。第六步精准成交，解决交钱的问题。

3.融资路演：如何成为让资本追逐的企业

融资路演是让企业和投资人直接对接，这样做的好处就是便捷，而且成功率极高。投资人有一种投资叫"对接投资"，对接投资的直接作用就是"盗梦偷心"，让创业者与投资人心交心，让投资当场发生。如果企业无法与投资人面对面、心交心地谈论，效果就会大打折扣。而现场展示型路演是对接资本最好的方式。

4.品牌路演：如何通过品牌赢取人心

例如，品牌路演活动策划方案。

一、路演活动的总体内容介绍

1.路演的概念

2.路演的战略意图

3.路演的目标

4.路演的策略

5.路演活动的具体情况介绍

二、路演活动的市场分析

1.路演的市场环境分析

2.全国性路演（巡展）活动的案例与分析

3.主要路演城市的环境分析

三、路演的运作与管理

1.组织架构图

2.展示项目的情况

3.路演的品牌推广运作

4.媒体运作

5.路演活动举例

6.路演中的促销活动

7.路演活动中的销售管理

8.路演城市的评估

四、路演的活动制作手册

1.路演的制作流程

2.制作流程说明

5.事业路演：如何让天下人才为我所用

例如，一位企业家在招聘人才路演大会上发表演说：

我们企业1996年成立的时候，规模非常的小，产值也很少，2006年落户到了天津，企业开始快速发展，2018年公司营业收入就突破了90亿元。

十几年潜心扎根天津，从第一条生产线、中国第一台实测性能超千万亿次的超级计算机"星云"，到如今，中科曙光天津基地已经成长为拥有研发、制造、物流及各项综合业务的国内领先云计算、大数据技术公司，鲍菁丹说："是人才为企业带来了生命力。我们这种企业是技术知识密集型的企业，整个公司从上到下很重视技术和人才，你拥有了最优秀的技术和人才，你就有了核心竞争力。企业现在的技术人员超过1700名，比例占到了51.5%，我们研发投入的比例能占到公司营业收入的7.99%。只有留住了优秀的人才，企业才能不断往前发展。"

一个带有鲜明技术基因的企业，对研发人才的需求极其旺盛，尤其是随着人工智能、信息技术迅速迭代，处于加速发展期的中科曙光天津基地，每年都需要大量的优秀研发人员加入。

6.年会路演：如何树立追随企业的信心

例如，2020年8月11日，雷军在小米十周年之际，举办了一场《一往无前》的年会路演，小米内部整理出十大金句，这些金句被广泛流传，对内激发员工对企业的信心，增强追随企业的坚定信念。对外，传播了企业的价值取向，与粉丝、用户产生沟通与连接，让用户与粉丝更加喜欢小米品牌。

1.找人不是"三顾茅庐"，找人要"三十次顾茅庐"

2.优秀的公司赚取利润，伟大的公司赢得人心

3.成功往往不是规划出来的，危机是你想不到的机会

4.创新决定我们飞得有多高、质量决定我们走得有多远

5.互联网七字诀：专注、极致、口碑、快

6.没有任何成功是不冒风险的，直面风险，豁出去干

7.用"铁人三项"的互联网模式做手机，软件、硬件、互联网

8.我在面试牛人的时候，牛人也在面试我

9.我们不如华为，至少现在不如

10.小米将继续为全球每个人的美好生活而努力

再比如，2021年1月16日是付守永品牌路演商学院的年会，年会会邀请我们服务的客户以及好朋友参会，我在年会上有这么一段"攀登者的心"路演内容：

你为什么要攀登珠穆朗玛峰？

——因为山就在那里。

你为什么要经营一家企业？

——因为梦想、使命、责任就在那里。

8848，不仅是数字，那是世界之巅的高度，想要达到新高度、新目标，就要力行正道，垂直攀登，在这个过程中，无论遭遇什么困难，都不能有瞬息迷茫，要相信自己有无限的可能，只有持续付出无止境努力的人，才能突破困境。

人生的道路都是由心来描绘，无论自己处于多么残酷的困境之中，心头都不应该被悲观的思想所萦绕。心光明，则一切光明。要想攀登人生之巅、企业珠峰，就要"从心出发"，越是磨难处，越是修心时，人生始于心，成于心，也终于心。

高贵的人生就是一场精神世界的旅行，珠峰精神就是新时代精英企业家

精神，就是探索精神，征服自我的精神，激发生命活力的精神，用信仰去追求梦想的精神，更是心向8848攀登者精神。

攀登者的心，心中有山，唯攀登，方可达。

生命短暂，骄傲长存；生命不息，攀登不止。

路演应用六字方针

如何发挥路演营销的巨大威力，让变现结果更好，这些年，我在实践中总结出路演应用的六字方针，即"先修路，后演出"。

路 + 演

先修路　　**后演出**

20世纪80年代非常流行一句话"要想富，先修路"，足以证明没有路就无法实现商品的流通与高效的价值交换。路演也是如此，要想提升路演变现的效果，这六个字是关键。**路演效果好不好首先要看路修得对不对，然后才是演的好不好。不花功夫打磨"路"，"演"就会出问题。**如何修路？如何演出？

1.先修路

要想把路修到用户心智，你必须给用户一个选择你而不选择竞争对手的理由，从而在用户心智中实现差异化认知。

我们在为客户提供咨询服务的过程中，**研究出一套"反向路演"的方法，也叫"反向修路"。**

比如海底捞强调自己是火锅行业老大，巴奴就做毛肚火锅细分品类的老大；海底捞强调服务价值，巴奴毛肚火锅说"服务不是我们的特色，毛肚和菌汤才是"；海底捞培训员工的服务力，巴奴培训员工的产品力，这就是反向修路，与竞争对手修一条相反的路，你才会有出路。

2.后演出

演出的是差异化价值，说真话，接地气，可交易。

真诚的热情，对产品的演绎让人着迷，时而认真，时而幽默，高超的演讲技巧，美观大气的路演PPT，简洁的着装，带着充满艺术气息的黑边眼镜，乔布斯将这些演出要素完美结合，形成了一种贵高的品味，更传递了一种路演美学。乔布斯的每次出场，总是带给人们一种极简、有趣、震撼、生动，带来视觉、听觉上的强大冲击力，让人回味悠长。

路演的三大核心技术

付守永品牌路演战略咨询有三大核心技术，我们也称之为路演的三大核心技术，即词语的技术、表达的技术和接收的技术。

1.词语的技术

乔布斯在路演中经常会使用"太神奇了""不可思议""重新发明""超薄苹果""超强功能""改变世界""非同凡想""世界上最薄""最先进"等，你有没有发现这些词语会让你兴奋，会让你觉得苹果很高级，乔布斯真厉害，因为这些词语充满魔力，不断重复，会猛烈地刷新你的认知。

　　我们在为客户提供咨询，撰写路演PPT或者是创意广告文案时，都会花大量时间和功夫打磨词语，我们深知词语技术在路演中的威力。

2. 表达的技术

　　还是来看乔布斯，1983年，乔布斯想挖当时的百事可乐总裁约翰·斯卡利到苹果工作，乔布斯面对斯卡利是这样表达的"你是愿意一辈子卖糖水，还是和我们一起改变世界"，斯卡利后来回忆说："显然，谁能拒绝改变世界呢？"，就此加入了苹果公司，担任CEO。

　　表达技术由内容表达和情感表达构成。很多人的表达之所以没效果，就是既没有吸引力的内容，更没有引发情感上的共情。

3. 接收的技术

　　试问：你想表达的一定是别人想听的吗？假如想听，他真正接收到的是什么？如果你的表达是100%，你认为你的表达被听众接收的是多少，给自己打个分。

　　其实让别人接收你表达的，比表达本身还要难。让听众接收是一项更具水平的技术。要想提升听众的接收度，就要掌握"刺激反射原理"，刺激是发信号，是你的表达技术，反射是你想让听众哪里产生反射，是听觉还是视觉？要想提升听众的接收度，还要掌握"路演能量原理"，为什么很多学员听我讲课接收度特别高，学员的一致反馈是付老师讲课激情四射、幽默动听，接地气，听得懂，想听，喜欢听。小罐茶为什么一上市就在央视做广告？因为央视的路演能量强，用户就会觉得这个品牌实力很强，产生的效果就越好。

我们持续不断地在路演的三大核心技术上做研究、做投入，通过研究用于实践，帮助更多品牌提升路演变现的效果。也帮助更多企业家提升这三个核心技术，从而提升企业家的路演水平，让更多企业家成为路演大师，让更多中国品牌通过路演影响世界。

提升超级路演技术的三大功力

想干成一件事，不是躺着就能做好的，要行动起来。不仅脑力要行动起来，身体也要行动起来。想做好一场路演也不是那么容易，必须要具备写的功力、台上的功力、嘴上的功力。

1.写的功力：创作"好剧本"

在电视剧《征服》中，演员孙红雷把一个黑社会混混演绎得入木三分，既生动又形象，完全诠释了一个黑道人物的行动语言及内心活动。孙红雷的精彩表现，离不开编剧创作出的优质的剧本。如果没有这样的好剧本，孙红雷也不可能有机会展现自己的演技。这就需要编剧具备强大的编写故事能力及刻画人物能力。对一场路演而言也是如此，想做出彩的路演，事先必须写出路演所有的步骤，这就需要对路演流程特别熟悉，还要具备一定的文学功力，才能为路演创作出"好剧本"。

2.台上的功力：大师级的表演呈现力

梁家仁是中国香港电影史上的金牌配角，曾经出演过《神雕侠侣》《射雕英雄传》《天龙八部》等多部经典作品，对于武林大神这样的角色驾轻就熟，在近期优酷热映的都市奇幻电影《透视之眼》中，梁家仁依然是大神，这次不是身怀绝世武功，而是拥有超能力，更具魅力。同样，路演也不是随便演的，也是需要大师级的表演呈现力的。路演者站在台上不能让下面的听众觉得没劲，听了像要睡着了似的。也不能如打了鸡血一样兴奋，那样一来，听众会觉得你是来逗他们玩的，起不到路演要达到的目标。也就是说你的一言一行听众都看在眼中，所以你要拿出看家本领，才能不让听众失望。

3.嘴上的功力：说的科学与艺术

在路演的过程中，有时候"嘴"会起到关键的作用。如果嘴的功力不佳，导致听众不想听你讲话，或者你讲的他们根本听不明白，说明这次路演失败的可能性已经达到七成以上。所以，路演中的说是讲究科学性的，先说什么后说什么，要有一个明确的条理性，不能乱说一通。其次要讲究说的艺术性，为什么有的人说事情别人不爱听？同样一件事情，有的人说的就好听？就是因为说不仅仅是说，还要有声音表情及动作的合理配合，才能让事情听起来好听。

想做好路演，首先是具备写的功力，更好地创作出"好剧本"。还要有台上的功力，给下面的听众一个大师级的表演呈现力。更要有嘴的功力，说得科学、艺术。

路演失败的4大原因

任何人在做一件事情的时候都想做好，但有时候避免不了失误，导致失败。为了不失败，你需要知道的是为什么失败，找到下次不失败的办法。做路演也是同样的道理，要想做得更好，必须要知道为什么失败了，并找到处理失败的方法，这样你的路演就是成功的。

1.不顾及路演对象，信马由缰

有一位朋友告诉我新股路演的一些内幕。

新股路演过程中存在较大问题，证监会对这些问题进行纠偏也是完全有必要的。自从新股发行市场化以来，一些财经公关公司在股票发行过程中往往承担了特殊角色，新股发行路演主要在京、沪、深三地举行，一般都安排在五星级酒店的宴会厅，组织者除了安排投资人和筹资人见面交流，还对参加活动者招待膳食、发放礼品。由于招待膳食精美、礼品价值不菲，不少职业"会虫"混迹其中，他们往往冒充机构投资者或券商研究员，整天骗吃骗喝；更有不少"黄牛"混迹其中，收购礼品后倒卖。有些发行人也在路演过程中信口开河，配合主承销商高价研报大肆吹嘘，以不正当手段拉高发行价格，使新股"三高"愈演愈烈。

在我所遇到或听到的路演中，虽不是这种乱象，但也时常会有些你想不到的问题出现。

有一次主办方举行的路演，台上的路演者讲了近一个小时，台下的听众越听越觉得不对味。他讲的是他童年及上小学时候的事，如何不让家里人省心，如何让老师操心等。而这是一场电影路演，这部电影讲的是警察如何不顾家庭的安危，誓与罪犯同归于尽也要将他们抓捕归案的故事，完全与路演的主题不相符。而台下的听众想听的是导演如何把那些惊险刺激的场面拍摄出来，怎样把整个故事以电影的形式展现给观众。因为他不顾及路演对象，信马由缰只说自己想说的，最终导致听众离场，所以这场路演是失败的。

不顾及听众的反应这类表达失误是经常出现的一种情况。路演者自顾自地在台上路演，却丝毫不注意听众的反应，不与听众互动。听众感受不到存在感，自然也不会将注意力放在路演者或者路演项目上，路演也就无法成功。

为避免这种错误，路演者在开始的准备工作中就应该做好市场与听众调研，根据到场听众的类型合理安排路演的时间与地点。

不论路演的内容是什么，表达用词要最精确，使理解呈现唯一性，也就是除了你表达的这个意思，听众不会联想到其他任何意思。其次是简单，简单到孩子都能听懂，任何人的理解都不会产生偏离，那么，路演者的表达也就不存在问题。

这些标准化的目的是为路演者和听众双方能够达成共识提供平台。对于路演者表达的主题，听众能够感同身受，双方共识感强烈。

2.长篇大论，听者不动

一天，李先生与两位好友到某知名酒店小聚。接待他们的是一位五官清秀的服务员，服务工作做得很好，可是她面无血色，显得无精打采。李先生一看到他，就觉得心情欠佳，仔细留意才发现，这位服务员没有化淡妆，在餐厅昏黄的灯光下，显得病态十足。上菜时，李先生又突然看到传菜员涂的指甲油缺了一块，他的第一个反应就是"不知道是不是掉在我的菜里了"。但为了不惊扰其他客人用餐，李先生没有将他的怀疑说出来。用餐结束后，李先生到结账台找服务员结账，而服务员却一直对着反光玻璃墙面修饰自己的妆容，丝毫没注意到客人的需要。自此以后，李先生再也没有去过这家酒店。

有些人做的明明是服务工作，却有意或无意中以不良的形象示人，自己还不知道，别人已经把你的一切细枝末节看在眼里。路演也是如此，有时候自己在犯错误却不自知。

1863年，美国葛底斯堡国家烈士公墓竣工。落成典礼那天，著名演说家埃弗雷特站在主席台上，只见人群、麦田、牧场、果园、连绵的丘陵和高远的山峰历历在目，他心潮起伏，感慨万千，立即改变了原先想好的开头，从此情此景谈起：

站在明净的长天之下，从这片经过人们终年耕耘而今已安静憩息的辽阔田野放眼望去，那雄伟的阿勒格尼山隐隐约约地耸立在我们的前方，兄弟们的坟墓就在我们脚下，我真不敢用我这微不足道的声音打破上帝和大自然所安排的这意味无穷的平静。但是我必须完成你们交给我的责任，我祈求你们，祈求你们的宽容和同情……

这段开场白语言优美，节奏舒缓，感情深沉，人、景、物、情是那么完美而又自然地融合在一起。据记载，当埃弗雷特刚刚讲完这段话时，不少听众已泪水盈眶。

路演不能离题万里、废话太多，否则会让听众感到倦怠和不耐烦。路演主讲者必须心中有数，应注意内容必须与主题贴合，浑然一体。

3.面面俱到，没有重点

且说这位观察公，姓单，号舟泉，为人极其漂亮，又是正途出身。俗语说得好："一法通，百法通。"他八股做得精通，自然办起事来亦就面面俱到了。他自从接了这四个差使之后，一天到晚真正是日无暇晷，没有一天不上院。抚台极其相信他固不必说，他更有一种本事，是一天到晚同抚台在一处，凡是抚台说的话他总答应着，从来不作兴说一句"不是"的。

有天抚台为了一件交涉事件牵涉法国人在内，抚台写错了，写了英国人了。抚台自己谦虚，拿着这件公事同他商量，问他可是如此办法。他明明晓得抚台把法国的"法"字错写作英国的"英"字，他却并不点穿，只随着嘴说："极是。"抚台心上想："某字同某人商量过，他说不错一定是不错的了。"便发到洋务文案上照办。

以上节选自清朝小说家李宝嘉的《官场现形记》第57回。不仅仅小说里有这样的事，路演中也经常出现此类问题。尤其在参加过几十场线下路演后，我发现一个严重的问题，创业者演讲的时间一般是5到7分钟，多数人都无法完成演讲，一些重点内容没有凸显出来，导致投资人对项目的特色一无所知。

之前，我看过一个路演，创始人在路演中讲的内容技术点很多，用面面俱到形容一点不为过，内容枯燥至极。台下的投资人能听懂的估计很少，创始人讲的很多，但没有重点，所以反应平平。投资人对项目根本不感兴趣，他们不会去找创业者继续沟通，更不会邀请创业者去自己的办公室坐坐。这样看来，距离最后成功融资还相差很远，至少意味着这次的路演已经失败了。

路演之前，我们应该问自己一个问题：为什么听众要关注我的路演？

大多数路演者对这个问题表现得云淡风轻，他们经常将路演者与听众（客户）之间的关系看成赤裸裸的交易关系，要么"给听众下跪"，把听众当成上帝，求得听众的认可，要么"让听众投降"，对听众的反应不屑一顾，以至于经常将本该十分精彩的路演搞得味同嚼蜡，毫无生机。这样的人并非输给市场与竞争对手，而是输给了自己，输在了路演。

4.马路边上卖钻石

下班了，在城市的马路边上，时常有小贩在卖菜，有人会停下来挑选。我在想，如果有人在这里卖戴珂拉钻石，会有人买吗？大家肯定认为那是假的，理由是钻石哪有放在马路边上卖的。的确，像这类产品应该放在哪里卖？比如北京，应该放在SKP去卖，深圳应放在万象城去卖。所以，就是再好的产品，如果放错了营销的地方，客户也会认为产品的价值是低廉的。

比如，一个价格近3000元的英国戴森Supersonic新型吹风机，营销人员把它拿到印度贫民窟，向他们展示这款吹风机与普通吹风机有三个不同：

第一是独特的造型设计，吹风机马达被安置在手柄内，没有扇叶，风筒则比较圆润，整体机身设计一眼看上去很像锤子，给人强烈的设计感、科技感、美感。传统的吹风机出风口有网，遇到头发长的女性，头发很容易绞到网中，而空心的吹风机不仅美观，还避免了头发被缠。

第二是卓越的品质。公司耗时4年才研发成功这款吹风机，研发费用7100万美元，共有103名工程设计师设计了超过600款原型，申请超过100项专利，研发标准也堪比研发汽车。

第三是绝佳的使用体验。通过3000名用户体验，她们说这是这辈子用过的最好的吹风机，轻巧手感好，吹干速度比普通吹风机提高50%，声音小，智能控温。借助高压气流，头发不用在极高的温度下就可以达到塑型的效果，保护发质。

最后总结说，戴森卖的不是吹风机而是美发造型器。估计没有人会购买，因为你把你的产品放错了地方。如果你在上海广州北京去路演试试，效果肯定会比印度贫民窟乐观得多。

总结而言，企业不要做在马路边上卖钻石的事情，这是方向性的错误，正确的做法是把产品放到需要它的地方、有能力购买它的人群之中。其中最主要的是，不管产品有多好，不管它的功能技术有多先进，如果你讲解不出产品的特色，没有塑造出产品的价值感，客户是感知不到产品的技术和功能的，那么这次路演的失败是必然的。这就是为什么乔布斯、雷军他们每一次新产品的路演大会，都会尽力塑造产品的价值，输出产品的价值，从而快速地在客户的大脑中建立起价值认知，达到快速变现的目标。

路演的"三入"魔力

一场路演成功与否，不仅仅是把场地布置得富丽堂皇或高端雅致，也不仅仅是路演完工后的吃吃喝喝。重要的是如何让听众坐下来倾听，路演者表达的技术，内容表达、情感表达，具备让全场听众达到入脑、入心、入魂的"三入"魔力。

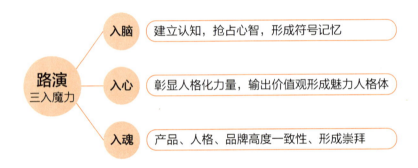

1.入脑

路演不仅是语言的表达、知识的传递，也是思想的表达、观念的沟通。路演的目的不是随意而为的自我表演秀，而是用自己的话语去影响听众，以达到招商或产品营销的目的。因此，路演主持人要懂得运用语言的艺术去说服听众，如同春风化雨一般，不知不觉中感动台下的听众。

大多数路演者会犯一个大忌，就是滔滔不绝，想表达的太多，但听众却听不明白是怎么回事。路演者的话语不宜有过多的重点，简单聚焦才容易让听众记住，才能够引发后续传播。所以，有逻辑有重点的表达是让听众入脑的诀窍。

入脑，就是让听众能对你的路演内容产生兴趣，进而听得进去，最后接受了你，核心就是建立认知、抢占心智，最后形成符号记忆。这就需要路演者具有高超的讲故事能力，一个好的故事能让人对你介绍的产品深信不疑。

想达到听众入脑的效果，就要在路演前做好准备，"不打无准备无把握之仗"。比如自媒体视频创作者，就是一个融合了文字、声音和肢体语言的综合表演。比如吸尘器营销，选择一个房间，先准备吸尘器及电源，然后，自己上镜演示吸尘器的功能有多强大，演示的同时还要加上解说，比如在各种环境下如何使用该产品、如何保养保修，让观众既能看到全过程，也能听到你的解说，经验丰富者都是声情并茂的，这样观众才能入脑。

一场高效的路演不只是"会说话"就可以实现。一场精彩的路演背后，一定有细致、严密的准备。要有动人的情绪表达，还需要你有运用文字的能力，有铿锵豪迈的语调。此外，还需要你在台上配合好肢体语言。

一场优秀的路演，一个成功的企业家，一定会有出众的路演能力，**路演体现的是企业家的综合能力，不仅要熟悉文案，还要有能力放下PPT，与台下的听众互动，让他们感受到自己的人格魅力，真正做到让听众入脑。**

2.入心

这样的情景经常会出现在我们的身边，开会时，领导在台上慷慨激昂长篇大论，下面听众各忙各的，玩手机、发消息、接电话，整个会场一点秩序也没有，领导不得不维护一下自己的尊严，"不要讲小话""不要玩游戏""不要乱走动"。安静片刻，又开始有人做小动作或开小差。

领导一再强调会议内容的重要性，可是有多少人记得领导讲了些什么。为什么会出现这样的结果？原因可能是多方面的，主持人讲话的内容或方式有没有问题？能否让场内的听众认真听你的演说？

一场能够让听众入心的路演，一定能够彰显路演者的人格力量，输出价值观，形成魅力个体。路演者应当做到四个方面，把深奥的学术许可证变成让人听得懂的话语，把一个复杂事情用几句简单的话语概括出来，把枯燥无味的数字用生动形象的语言加以描述，把一板一眼书面语句变成大家都会说的口语。真正让台下的听众心甘情愿地随着你的话题或喜或悲、或怒或乐，这才是一场让听众入心的路演。想达到此效果，具体方法如下。

以理服人

路演不是靠假话狠话骗人、威吓人，也不是拍桌子大吼大叫，而是要听众心甘情愿地坐下来倾听。要让听众听得入心，以理服人是最简单有效的方法。主持人只有做到理论科学，数据准确，有理有据，逻辑严密，说理透彻，才能使人折服。

以诚感人

只要别人认为你说得有道理，大多数会认同你。说真诚实在的话，让别人的心灵产生触动，进而与你站在同一条道路上。路演不仅要有真诚的外在表情，还要有诚恳忠厚的语言。那些瞒天过海、云山雾罩的话只会让人反感。

以情动人

看上去面无表情的演讲，只能换来无动于衷的回应，即使偶尔有点回应，那也是大海里的一滴水，根本掀不起波澜，离入心相隔十万八千里。优质路演的特征是，路演者的语言时而如小河流水清澈见底，时而如快刀斩乱麻一点不拖泥带水，时而喜笑颜开，时而泪眼蒙眬，这样才能使听众入心。

以事省人

听众就像一个等待挖掘的宝藏，需要你用智慧的语言开启，才能发现意想不到的惊喜。路演通过讲述故事，让听众有所感悟，这才是目的。每次路演，演说者都应选取一些生动的实例，以事实说话，让听众感到不是在听大道理，让人通过听事件，明了事理，不是被动地接受你的说教。

路演是路演者的一种魅力释放，路演魅力包括你的语言表达力、情感表达力、自身形象力与听众的情感共鸣力，这些都会形成一个人的魅力个体。

3.入魂

很多企业家或者路演者都认为路演的时间越长越好，果真如此吗？当然不是。那些没有内容的长篇大论，就像老太太又臭又长的裹脚布，让听众生厌。简短的路演也能达到商业目的，不仅能让听众看到路演的高水平，还能感受到路演是经过一番精心准备的。那么，路演如何才能让听众产生入魂的效果？

马寅初担任北大校长时，曾经参加过中文系老师郭良夫的结婚典礼。当贺喜的人发现马校长到来时，情绪激动，恳请他做一段致辞。马寅初本来没有准备，但处在这种喜庆的环境下，又不忍心拂众人的意，只好来段即兴的演说。他灵机一动，想出了一句最有代表性的话："我想请新娘放心，因为根据新郎大名，他就一定是位好丈夫。"

大家听了这句话都一头雾水，再一看新郎的名字，大家一下恍然大悟了：新郎的名字为"良夫"，不就是指好丈夫吗？于是大家都开怀大笑起来。

马寅初这句简单的话营造出了和谐轻松的氛围。他借用了新郎的大名传达了两个意思：一是表达了校长对教师的良好祝愿；二是希望郭老师人如其名，做一个好丈夫。

路演不仅要尽量精简，还要融入路演者的情感，最大限度地表达清楚内容，很多社会经验丰富的企业家在这方面已经驾轻就熟。

一场路演中，路演者再次上台后慷慨激昂地说："我刚才讲了，加入我们公司是绝对不会让大家失望的。现在，我再插个小曲，标题'说坚守岗位'。"说完这句后就下台了。台下听众莫名其妙，甚至有人开始感到气愤。

这时，路演者又走上台说："如果我在这时候离开讲台，大家是不是不能忍受？如果在重要时刻离开自己的岗位，是不是也让人无法容忍，是不是应该被人谴责？我的路演结束了，谢谢大家。"他的话刚说完，就响起了一阵热烈的掌声，显然听众都很喜欢他的这种与众不同的路演方式。

这场路演非常精悍短小，然而他借着下台这个行动，清晰准确地向听众表达了这次路演的内容，既让听众听得明白过瘾，又不会让听众产生厌烦的情绪。听众热烈的掌声就证明了这次的路演是成功的。路演虽短却强悍有力，给听众留下了深刻的印象。路演就像某位演员在小品中说的"浓缩的都是精华"，没有人喜欢喋喋不休。很多时候，三个小时的废话连篇，不如三十分钟精短演说。所以，能够让听众入魂的是那些精悍简单的路演。

我们再从商业路演的视角来复盘一下乔布斯的路演为何如此"入魂"？乔布斯在舞台可以说完全释放自身魅力，犀利而又充满真诚的眼神，幽默的表达，现场产品路演有一种强大的代入感与场景感，又有一种美妙的体验感，让人身临其境，品牌故事演绎得出神入化，正义的化身，勇敢者的角色，听众心目中的英雄，让人流连忘返，沉浸于中。

当产品、人格与品牌高度一致，就会让人产生崇拜，入魂路演就是如此。

成功路演的"奔驰原理"暨三部曲

大家都知道奔驰车标是三叉星，代表着陆海空，从营销的角度来说，就是全面覆盖的意思。运用到路演之中，就是成功路演的"奔驰原理"。"奔驰原理"助力企业家一步步走向成功路演巅峰。

1.成功路演铁三角

成功的路演也有铁三角，包括逻辑正确、价值独特、体验入心。如下图：

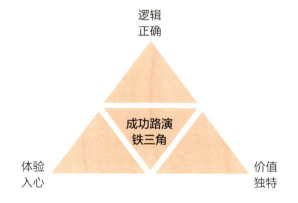

逻辑正确就是顺序。

孩子问妈妈：妈妈，我可以在看书的时候吃东西吗？妈妈说：不可以。孩子又问：那我在吃东西的时候看书呢？妈妈听了很高兴。这就是逻辑顺序的重要性。

为什么会产生这样的问题呢？大脑在处理信息时有两个规律：①一次不能太多，太多信息会让我们的大脑觉得负荷过大；②大脑喜欢有规律的信息。

逻辑正确就是"四个明白"：想明白、写明白、说明白、干明白。

正皓茶是我们2018年年底开始服务的一家广东茶企。通过3年的服务，正皓茶发生了革命性的变化，品牌势能蒸蒸日上。我们帮助正皓茶调整战略定位、精简产品线，打磨超级产品，打磨品牌文化，确定中国红为品牌主色调。目前正皓茶中国红的包装设计产品一经上市，就会形成热销甚至卖断货。正皓茶主营高端普洱茶，战略定位为有敬意的高端商务礼品茶。

2020年11月25日，我们为正皓茶创意策划了一场"培训+新品发布"的路演大会。这次大会我用25分钟路演了《品牌创造未来》的主题演讲。

我们来看一下这次的路演逻辑。

路演对象：经销商、代理商

路演目的：订购年度重磅产品

路演时间：25分钟

【说明：路演内容为简易版】

路演主题：

品牌创造未来——正皓茶313品牌基因

路演逻辑分为三部分：

一、正皓品牌坚守"3大主义"基因

1.坚守"四专"主义

专注：正皓茶品牌创始人潘坚1997年入行，23年专注做茶。

专心：正皓团队专心进行产品研发、工艺创新与改善，一心一事。

专业：23年只做茶，所以从研发、工艺等形成极强的专业性。

专家：在高端礼品商务茶、高端定制和收藏领域提供专家级解决方案。

2.坚守"长期"主义

对潘坚的评价：正皓茶品牌创始人以精神上的执着，骨子里的坚守，历经岁月洗礼，一生只做一件事的匠人之魂，致力于将正皓茶打造成受人尊敬的民族品牌。潘坚先生是一位坚守长期主义、创造长期价值的笃行者。

纵观全球所有伟大的品牌，几乎都经历了几十年甚至上百年的发展，坚守长期主义是做品牌的基础信念。

3. 坚守"创新"主义

正皓茶正在进行中的9大创新：产品创新、工艺创新、包装创新、营销创新、门店创新、管理创新、体验创新、品牌创新、盈利创新。所有的创新最终都是为了我们的各级经销商、代理商在市场上更有竞争力，让正皓茶成为顾客的首选品牌。

二、正皓品牌践行"经营3论"基因

1. 论精神

一个人、一个企业要想有所作为，就要有点精神，有股志气。

新商业时代的老板需要三种精神：珠峰精神、工匠精神、创新精神。

珠峰精神就是攀登者精神，就是一种向死而生、永不放弃、勇攀高峰、必争第一的精神。

工匠精神就是造物者精神，就是一种对所做之事的热爱、专注、精进、傻干傻付出傻投入的精神。

创新精神就是发明者精神，就是一种打破旧世界创造新世界、激发无限创意、持续不断创造价值的精神。

正皓精神就是珠峰精神、工匠精神、创新精神。

2. 论价值

企业存在的意义在于为顾客、员工、股东、社会创造时代价值。因为只有价值才能进行交换，这是市场经济的基本规律。

因此，经营的首要任务就是：为顾客创造价值，为合作伙伴创造效益、为员工创造机会，为社会承担责任。

3. 论梦想

人生因梦想而伟大，坚持梦想，践行梦想，实现梦想。

生命因梦想而精彩，追逐梦想，捍卫梦想，成就梦想。

凡成大业者，无不拥有激情澎湃的梦想，有梦想就能看见光，有梦想就能看到路。

有梦想就会激发潜在的能量，梦想不分年龄、性别、种族和长相，致敬梦想，勇敢攀登人生新高度。

正皓茶的梦想就是成为第一，用匠心卓越的产品造福顾客。

三、正皓茶值得一辈子去做的三大理由

理由一：人好。有一位充满大爱、利他、勤奋的企业带头人，凝聚一批热爱做茶的人才队伍。

理由二：模式好。重视产品研发、营销创新、多维度盈利的品牌共享发展模式。

理由三：行业好。茶行业迎来巨大发展空间，国家领导人在全球路演中国茶，在中国的推动下，2019年设立每年的5月21日为"国际茶日"。

茶行业品牌盛世刚刚开启，正皓茶已经出发，在路上。

让我们一起同行，共享茶行业新时代红利。

正皓茶此次路演大会现场发布了"天成"新品，30分钟变现1152万元，创造了茶行业的一个奇迹。最关键的是通过此次路演大会，正皓茶品牌更加深入人心，正皓产品更加彰显独特价值，正皓茶品牌创始人潘坚先生更加具有魅力，赢得了更多代理商的合作与口碑效应。

价值独特

价值=解决了什么问题+紧迫度+稀缺性

每个营销人员必须回答的问题是：自己跟别人到底有什么不同而不是更好。

越是复杂的环境，我们给予客户的一定不是更好，而应该是"不同"。不同更应该聚焦，更应该"点"化，这个"点"越精准越有效。

销售不能只是简单地说服用户使用我们的产品，更多地表达出我明白你需要的是什么，这就是对用户的深刻洞察。

肯德基的特性是"炸"，真功夫的特性是"蒸"；

奔驰强调"坐"，宝马强调"开"。

付守永路演商战真经：用户其实并不知道什么东西值多少钱。我们不是要通过价格出售产品，我们是要通过价值出售价格。贵不是贵在产品的功能，而是产品带来的附加价值，品牌就是附加价值的重要表现形式。

价值独特＝强大的产品力＋强大的品牌力＋强大的路演营销力。

香水哲学：不同品牌的香水，95%都是水，只有5%不同，那是各家的秘方。人也是如此，95%的东西基本相似，差别就是其中很关键的5%，包括人的性格特点，信奉的人生哲学。香精要熬5年、10年才加到香水里；人也是一样，要有经历才有自己的味道，这种味道是独一无二的。

体验入心

什么是体验？体验＝制造回忆。

体验入心三大要点：①既要让左脑简单易理解，又要开启右脑，有情感，有感性；②入心三到：听到、看到、感觉到；③要有仪式感。

2.了解听众，一"演"成名

一次高质量的路演，会让你一"演"成名。这是在把握好一些必要的因素前提下产生的。其中最主要的重心点只有一个，那就是坐在台下的听众。

一般而言，路演听众分为五类。

①政府： 如何为政府分忧解难、符合产业政策。比如，疫情期间，医用口罩、医用防护服和重要医疗设备紧缺。如果你能在路演中提出克服原材料价格成本上涨及集中运输调配的问题，并把产品以最快的速度发放到需要的人手中。相信这会是一场水到渠成的路演。

②供应链： 如何帮助他们赚钱、省钱。比如，苏宁在自有的苏鲜生、狮客基础上，拼购与商户合作首批创立了"五个农民""艺黛丽""酥田""苏宁宜品"四个品牌，覆盖农产品、化妆品、家居日用等领域，均为高频消费品。以"酥田"大米为例，这种大米来自黑龙江的一座"拼购村"，在物流上苏宁给予优惠，并配备专门的客服，帮助商户节约成本，所有省下的成本都将减免到消费者购买的大米上。

③代理商： 如何零风险赚钱。比如，你会在路演中告诉代理商，在进行合同条款谈判时，首先注意代理区域的划分和代理的时间限制，这往往和首批提货量相联系。其次是留意退换货的条件、比例和时间，留意这些会给代理商的经营带来很大的方便。再次是留意"零风险"制度，一般比较注重品牌的厂家都会设立"零风险"制度，所谓"零风险"就是在合同期内，代理商不想继续经营该厂的品牌时，该厂家会有一个货品回收的制度，这样可以让经销商保住一部分资金，还保护了该品牌在当地市场的形象和后续发展的潜力。当你把上面这些注意事项告知代理商后，他们会把你当成知己。

④员工： 如何让员工相信并行动。一般来说，底层的员工最需要安全感。他们位于公司的最底层，可以随时被替换，因此会担心哪一天突然被辞退。为此，你就要给足他们的安全感，才能够让他们有干劲为你工作。中层的员工已经在公司有了一定的地位，根本不担心被裁员的问题，因此他们就会渴望要求公平公正地对待，希望能够得到应有的奖赏。满足他们的公平感，他们才会跟你走。高层的员工最缺的就是目标，没有合他们心意的目标，就找不准发挥能力的出口。如果你能够讲清楚领导者如何合理平衡三方的需求，那你就是路演成功者。

⑤**用户：**如何感知产品带来的好处。消费者之所以喜欢某个产品，是因为他相信这个产品带来的价值远比同类产品大。而这个价值，需要你在路演中充分了解顾客需求后，通过针对性解说，让消费者准确感知到。

同时，**听众还会关心另外一个问题：你讲的和我有什么关系？**

比如，毛泽东当年干革命，与你的关系是打土豪，分田地。身为穷人的你翻身以后能够有田地，从此再不用饿肚子了。因此，才有那么多人和他一起来闹革命，最后新中国成立，全国人民都当家做了主人。

我的产品是超级路演，与你的关系是学会路演不缺钱。让企业家再也不用因为产品销售不出去而费心劳神。

路演前一定要了解台下的听众有什么心理需求，这是你一"演"成名的前提。

3.成功路演需要故事

为什么要讲故事？

首先你要明白路演是什么？是一场招商大会还是一次新产品推销会？当然不仅仅如此。路演其实就是一个讲故事、讲好故事的演出。故事讲得是否精彩，对路演的效果起着决定性的作用，要知道，一个精彩故事价值千万。

路演中，主持人把一个商业故事讲得眉飞色舞精彩无限，不仅能够传播企业品牌还可以获得投资人的青睐。为什么这样说？因为故事比数字、逻辑、说教更能引起听众的共鸣。

看看那些有着百年以上历史的企业，哪一家没有一个近乎传奇一样的故事？大到汽车制造厂商，小到一条牛仔裤的创业史，他们的故事会把你感动得涕泪横流、五体投地。无论是刚创业的"小白"，还是纵横商场多少年的"老江湖"，如果你现在还不会讲故事，没关系，只要你学习，就会有收获，而且是巨大的收获。我会教你如何借助路演与故事去赚钱。

我相信每个人都是听着故事长大的，小时候你想睡觉时，总是会缠着妈妈给你讲故事，于是，历史故事，神话故事陪伴你长大成人，并走向社会。然后，你也会在日常工作中发生很多有趣味的事和见到一些有意思的人，而你把遇到、听到、看到的这些，讲给别人，这就是故事。如果你讲得好，大家会被你感动，为你鼓掌。

路演过程中，一般故事类型有：创业的故事，产品的故事，品牌的故事，用户的故事等。

2021年8月10日晚，小米11周年之际，雷军做了一场年度演讲——"我的梦想，我的选择"。在两个多小时的演讲中，雷军首次揭秘了小米创立至今最艰难的10个选择。以故事的形式，向大家分享了这些年来，小米在追寻梦想的路上凭什么一路前行，又是如何一步一步成长的。

实际上，对于一个信奉工具理性的学霸型企业家来说，故事是有杀伤力的，但再好的故事也只是讲给别人听的，就雷军自己而言，只有创造出更好的产品才能说服他自己。

一个企业从两三个人到几十人、几百人，甚至几万人，创业的经历往往就是创业者成长的故事。而这种经历也给品牌注入了独特的性格。让客户及更多的社会人了解你的不平凡的经历，对于品牌传播及企业形象都是极好的宣传。

路演中讲好4大故事：①把老板变成故事，老板的故事是精神的载体；②把产品变成故事，产品的故事是销量的载体；③把品牌变成故事，品牌的故事是价值的载体；④把客户变成故事，客户的故事是信任的载体。

这种方法可谓最经济最有效的，尤其是作为一家企业的创始人，讲出一个"感人肺腑的创业故事"，远比投入几千万元做一个广告有效。因为大众更倾向于记住看似平凡实则伟大的故事。在众多创业故事当中，福耀集团的老总曹德旺，从一个没读完小学的孩子变成世界级轿车玻璃的行业老大。即便他穿着"很土"，满嘴大实话，很多人仍然会记住他的名字，这就是创业故事的魅力。

有人说想要做好路演，就要学会"讲故事"，这话千真万确。而要讲好一个故事的方法有很多。不过，相比于"绝妙的创意"，"具体"应该是最简单的方法了。同时你要记住的是，好故事是有特征的，比如"四易"，就是易讲、易记、易传、易懂。

最后请记住，你是在讲故事不是在背故事。

品牌向下，路演向上

有人看到这个标题会产生疑问：品牌和路演怎么能并列在一起？其实，品牌和路演真的存在千丝万缕的关系。只有把品牌创建好了，形成了一定的价值，才能通过路演的形式彻底放大。而路演要解释的就是关于此方面的内容。

1.品牌向下扎根

如果你仔细观察过一棵参天大树，你会发现支撑起庞大树冠的是生长在地下的根，而所有的根都是向下生长的。因此，树干才能经风沐雨屹立不倒。创建品牌时也要向下扎根。

比如正皓茶自从意识到品牌的重要性后，便把2019年确定为品牌扎根年。同时他们刚开始时也很迷惘，品牌的根在哪里？我告诉他们，这个根就是用户。正皓茶重新回归"以用户为本"的底层逻辑，并且也清楚了用户是企业生存的根本。

事实证明，**拥有优良产品却无法打开局面的优秀企业不计其数，因为他们在市场上找不到自己的位置**。例如，经过我的帮助，正皓茶的品牌战略的制定和践行卓有成效，不仅年度净销售额翻了几倍，并且在中高端商务人群之中表现不俗，彰显出正皓茶在人们心中的地位。这家在健康茶品领域耕耘二十多年的企业，战略、技术是向上生长的养分，产品是永恒向下深扎的根。

品牌扎根做好三件事：

一是建立认知：你 =？

二是关系连接：把用户当朋友

三是持续复购：产品力

品牌扎根必须完成从经营产品转变为经营用户。这是因为企业要搞清楚两个问题：①谁是品牌的核心用户？②我为核心用户创造了什么核心价值？同时要清楚的是任何一个品牌都无法满足所有用户，所以品牌定位要清晰明确。

品牌扎根的核心策略在于传播方面，即重复、重复，再重复。这需要企业家要有极强的战略定力。

最后，我要告诉广大企业家的是，品牌是一门"研究人"的学科。品牌扎根需要企业从"工厂思维""产品思维""功能思维"转向"研究人的思维""服务人的思维""赢取人心的思维"。

2.价值向内生长

为了让大家更好地理解，我们可以用一个公式说明：

向内生长 = 扎实的基本功 + 练就绝活

什么意思呢？越是面对极度浮躁、极度恶劣、极度不确定的外部环境时，越需要企业向内生长。

比如，麦田集团。身处这个热闹喧嚣的行业中，麦田集团多年来似乎一直将自己置于镁光灯背后。某媒体在专访麦田集团副总裁吴存胜时，探寻到背后的原因，"这个行业很混乱，想快很容易，想好很难，我们的选择是向内生长，向下扎根"。

吴存胜提到，在房价不高，买房决策不复杂的年代，购房者只要买到房子就行。而当下消费升级，消费者对服务有了更多的期待：一个合格的房产交易顾问，应该将专业、安全、服务体验贯彻到底。

在谈到行业垄断时，吴存胜坦言这个行业不存在某个头部企业占领全国，区域化很明显，每个城市至少会有2—3家深耕企业，每家公司只要用心都能做好。"即使外界觉得这个行业竞争你死我活，从生态供应角度来看，大家依旧能共赢，不一定非得要把谁灭掉，实际上谁也灭不了谁。"

企业向内生长要做对5件事：

1.要有非常牛的产品

——企业要有运营"超级爆品"的能力

2.有渠道卖货

——企业必须要有对渠道的掌控力，才能掌握市场主动权

3.很强的团队

——培养精兵强将，打造一套"战模式"

4.顺利回笼资金

——减少应收账款，重视现金流

5.持续研发的能力

——工艺、技术、工业设计的持续创新能力

在经济环境不确定时，什么是可以确定的？很显然，只有企业本身是可以确定的，只有向内生长是可以确定的。对外部运作的规律搞不懂时，企业极度没有安全感。企业的安全感是由内部而来，所以向内生长，就是修炼内

功。企业只有不断向内提升，功力才可能越强。

3.提升路演功力

如果你不知道路演具体会给企业带来什么，那我可以明确地告诉你，对一家企业而言，路演有以下5个价值：

①**圈粉丝**。通过路演，尤其是面对面的路演，快速形成人格化认知，可以吸引大量粉丝。

②**批量卖产品**。通过产品路演，快速形成对产品价值的感知，形成一对多批发式的产品销售，快速提升销量，回笼资金。尤其是新产品发布会的路演，是最高效的新型营销方式。

③**招商建渠道**。通过招商路演、会销模式把项目快速推向市场，抢占渠道，布局全国。

④**低成本品牌传播**。通过线上线下的路演，快速在用户心智中建立品牌认知，路演就是最低成本的品牌传播方式。

⑤**广告效应**。通过路演传递价值，传播价值，借助"人+新媒体"的力量实现超级口碑传播和精准触达，达到极佳的广告效果。

对于企业而言，关键的问题不在于路演能给你带来什么，而是怎样才能做好路演。这就涉及如何提升路演功力。的确，做好路演并不难。

首先，制作一份能说明问题的商业计划书。当一家企业创始人有很好的项目但没有资金时，怎样让项目落地？那就是去寻找投资人，最初是在路边进行演讲，用最短的时间把项目讲给路过的每一个人听，彻底演练好后再去找投资人。就在与投资人见面的几十秒中，你把项目介绍给投资人，以引起他的兴趣，或许能够获得投资。

而这份商业计划书必须要做到完美的程度，比如从产品介绍、商业模式、盈利模式、管理模式、市场格局、行业趋势到竞争分析等多个层面。

商业模式不是讲如何挣钱，不是通过做活动去招揽客户，讲好自己的商业模式才是至关重要的。

管理模式这方面就像开车一样，企业管理人就像司机，各个职能部门就像汽车的各个配件，如果这辆车上缺东少西，车能否开得起来？

行业趋势和竞争分析也很重要，这个项目在行业里竞争力是否强劲？是否占据主要位置？是否容易被替代掉？

其次是以感性的内容吸引投资人。用起承转合的思路去设计表达内容。比如：通过数据配合故事场景引发大家对现状的不满，接着你说出自己的思考，引出了解决方案，然后说明目前市场方案有哪些不足，再说明不改进的话要付出的巨大代价，引发对未来的担忧而凸显优质方案的重要性……这样的逻辑，容易理解、容易记忆，有感染力，容易改变人们的思考和促使人们行动。

千万不要流水账式的产品介绍，一定要放弃没有亮点的空话。把你的愿景放大无限倍，以感性的内容吸引投资人，用简洁明确的理性分析、市场反馈和关键数据，展现巨大的现实价值，用你的眼光、态度、潜力猛烈地"撞击"他们。

按照这个思路去表达，去加以演绎练习，你的感染能力将大大提高。

4.向上壮大变现

当企业向下扎下深根后，就要依靠路演方式向上发展。

超级路演的"四充要素"

充满激情： 通俗地说就是一种持续的热爱，路演者发自肺腑对路演的热爱，既能让听众不可自抑地心潮澎湃，又能让听众享受无与伦比的极致体验。激情之于路演是最重要的因素，没有之一。谈激情在很多人眼里比较俗套，但在乔布斯身上谈激情就是再正常不过的事情，可谓是激情的代名词。他以

"疯狂"的节奏印证了自己曾经说的"激情能够将世界变得更好"这句话，激情成为他最贴切的标签。

充满创意：有着无限创意的人，才能提出建设性的意见，才能有所突破，业绩才会不断创新。

充满信心：对未来充满信心，我们对企业的未来充满信心。

充满故事：充满正能量的故事，用一生时间磨一面镜子。

超级路演七个指导原则

①从领导讲话到输出价值：华为老总任正非曾在公司内部一次大会上说：我们要为公共的市场秩序输出贡献。我们作为强者，不能只顾自己的利益，不能不关心市场的公共秩序的建设。一个全球、超宽带化的市场秩序，我们还不清楚它的结构是怎样的，但我们要积极去探索，至少不能用恶性的方式去破坏它。

②从重视过程到呈现结果：在价值量、信息化、智能化、全球化和新常态力量的驱动下，企业管理将呈现一个趋势：从关注结果到重视过程。

③从描述事实到激发干劲：从一些最基本的事实谈起是例行公事的态度，属于敷衍性质的。现在转变为激励性的，比如工作态度好，万事难不倒。现今每一滴汗水，未来每一份感慨。让收获不留遗憾，让进程更加完美。

④从贩卖质量到品牌美学：通过很自然地跨界的形式，将品牌融入不同的元素，在欣赏衣服的同时，将目光过渡到其他产品，再通过其他走心产品的引导，逐渐打造出一种生活方式，给人带来全新的生活体验。

⑤从吃吃喝喝到欣赏崇拜：以招商路演为例，有很多企业组织的招商会是以吃吃喝喝为主，想通过吃喝增加感情，之后让客户来订货。如果企业使用吃吃喝喝这种简单的情感交流的方式，想让客户订货难度很大。目前，企业必须通过超级路演大会把客户邀请过来，目的是让他们产生对品牌的崇拜，对创始人的欣赏，对企业品牌的欣赏，对推出来的这种超级爆品的欣赏。

⑥从乱乱哄哄到庄严崇敬：很多企业组织的招商会没有次序、没有约定、

没有规矩、没有制度。代理商来了以后随便出入会场、随便接打电话。如果招商会组织得乱哄哄，你会发现代理商的感受是不好的。因此，企业在组织招商会也好，超级路演大会也好，必须要有约定、有规矩、有制度、有流程、有程序，让客户一走进会场就感觉到有一种庄严感，要让他产生崇敬。

⑦**从政策压货到赋能动销**：很多企业开经销商代理商大会时，就是讲讲政策，然后通过各种政策来压货，就是让你多进货。但是在今天，大家在市场上卖货都很难的情况下，如果你把代理商邀请过来，只是简单地给他们讲政策，简单地跟他们讲你进多少货，打多少款，给你什么样的政策，代理商的这种发自内心的动力是不足的。所以，企业必须要让他们看到进了产品后，不仅有政策上的支持，更重要的是有赋能，即告诉代理商在终端如何把货卖出去，这样就会增加代理商或者经销商进货的信心。

超级路演大会实现"两小两大"效果

小活动大传播：每场路演的要点都是小活动大传播。无须豪华的场面，无须动用大量的资金，有一个能说会道的主持人，加上不大的舞台就是一场发挥大效应的路演，企业不过十几人出动，却达到了几千人都无法达到的效果。这就是路演的魅力。

小投入大传播：路演之所以是小投入大传播，因其对企业的销售起到了重要的推动作用。路演的传播方式是最直接的口碑创建及营销，目标群体通过你的演说了解企业名称或产品关键字，及企业品牌、口碑、产品等客观的信息，认为非常有公立信。这说明路演在为品牌增加知名度及曝光度的同时，也为企业品牌增信。

案例解析：雷军是个好学生

在世界舞台上，史蒂夫·乔布斯可谓是最具路演能力和魅力的大师，几乎没有人可以与之媲美。如果说乔布斯成就了苹果，那么成就乔布斯的就是路演。

乔布斯是如何路演的？又是如何利用路演成就了苹果？

认真分析乔布斯的路演水平，可以归纳为激情的感染力、演绎故事的魔力、非凡的现场号召力三点。

无论你身为管理者，企业的掌舵人，还是走在创业道路上的创客，你都离不开路演。路演的目的不外乎寻求一种被认可，对产品的认可、对理念的认可、对品牌价值的认可。若你想提高路演水平，或者想借助路演的力量成就自我、成就企业，乔布斯的路演是最值得研究、学习的标杆。

当年，乔布斯极力劝说百事可乐时任总裁约翰·斯卡利，他看中了斯卡利身上独具的最有效的管理经验：你的余生是想一直卖糖水呢，还是和我们一起改变这个世界？这一句话产生了一系列的连锁反应，斯卡利的人生、乔布斯的人生、苹果公司的命运，统统在那一刻开始发生改变。

乔布斯这次小小的"路演"之后，斯卡利成为苹果公司的掌舵人，他与乔布斯共同执掌苹果的那段时期，苹果公司创造了最好的产品和最经典的路演。

自称为"从小是个根正苗红的好学生"的雷军，从乔布斯手中接过"不疯狂不为路演"的大旗。

小米手机是最近几年最畅销的一款国产手机之一，它的品牌凭空崛起让很多人感到不可思议，到底小米背后隐藏了什么样的营销手段，小米手机的品牌价值塑造方法是微博、论坛社区、高级文案、手机测评、饥饿营销等，但这些都没有让小米创造奇迹。让小米火遍大江南北的是雷军的路演。雷军通过路演彰显了个人品牌魅力，形成极强的魅力个体，释放出小米品牌的势能与强大的连接力。

雷军是个好学生，他是认认真真研究过乔布斯的人。我想雷军同学对乔布斯的研究不止一次，他更是乔布斯在路演领域使用过的有效方法的践行者。

雷军在2011年8月16日举办小米手机首次路演发布会，站在发布会舞台的那一刻，黑色的圆领T恤、牛仔裤、帆布鞋，很多人看到雷军的那一刻大呼"太像乔布斯了"！因此，雷军有个外号"雷布斯"，做个好学生是不容易的，要有极高的悟性，能领悟到形式背后的精髓，再完全吸收与运用出来，这就需要作为学生的自己要放空自我，还要保留自我，不能迷失自我。

今天的雷军已经从当初的好学生，变成了很多人的老师，也成为"米粉"心中的崇敬者，向雷军同学致敬！

你学习的标杆就是你未来的高度，你找到的教练就是你未来的水平，你崇敬的老师就是你前行的榜样。先做学生，后成老师，是人生最好的成长之路。

第六章

变现工具——
开好超级路演大会

产品滞销，两个关键原因

天上下雨地上流。任何事情都不是无缘无故发生的，正如有春天的温暖才有冬天的严酷。产品的滞销也是有原因的，比如销售方法不得力或产品不行。

1.销售方法不行

同为一个行业的销售人员，为什么其他企业的销售蒸蒸日上，你的销售业绩每个月却都是红线？其中最主要的原因就是你的销售方法不正确。

①正确的销售方法

方法是否具有可复制性？

可以批量卖产品吗？

②先进的销售工具

"武器装备"怎么样？

"武器"先进程度如何？

③执行是否到位？

销售伙伴是否训练有素？（包括训练有素的思想、训练有素的思维、训

练有素的习惯）

个人效能管理是否形成闭环?

2.产品不行

产品到底是哪里不行?

①产品质量不行,这是硬伤。

②对产品价值不理解,产品不专业。

③对产品链的管理不到位,不懂得每种产品承担的角色与达到的目标。

当你拿出一个手机,内存只有60G,通话只能8个小时。别人也同样拿出一个手机,内存是128G,通话时间是30个小时。这证明你的产品不如别人的好,那你的销售肯定是失败的。

我曾遇到一些销售业务员,他们抱怨自己的产品不行,依据是卖不出去没人要,他们往往会这样讲:"我已经把这些新品推给了我的每一个客户,但是他们就是不感兴趣,不只是一个产品,几乎每一个产品都如此。"

有一次去菜市场买菜,菜都是附近的农民自己栽种的。我正在挑选一棵白菜,准备回家包包子,突然冒出几个肉肉的小虫子出来,这算什么事,菜里竟然有虫子,还让人怎么吃? 卖菜的不满地看了我一眼,大有土老帽的意思:自己种的菜就那么一点,又不是那种大批栽种的得喷农药,我们的菜是不喷药的,所以才有虫子。边说边把虫子往脚下一扔,踩死了。听他这么一说,我还真放心了,虫子都不吃的菜肯定是喷了农药的。

每个人都不是十全十美,谁都有优缺点,无论你干什么事都有人对你评头论足。同理,不管你销售的是什么商品,客户都会找出嫌弃它的理由。也就是说，本来是无关痛痒的地方，客户却挑出许多毛病，关键是消费者从哪个角度去理解。

产品之所以被制造出来，不在于有多好、有多吸引人，而是为客户提供了什么，解决了什么，才让客户产生购买它的动机。销售人员要清楚的是，通过这个产品给客户提供什么帮助，客户通过购买这个产品得到什么。

企业的营销工具决定盈利能力

想从黑龙江到海南，坐火车也行，但是最慢。坐高铁虽然比火车快，但价格有时候比打折的机票还高，所以最佳的交通工具是飞机。这说明一个问题，干什么事情即使你有能力干好，但工具是你能不能把事情干得又快又好的关键。对于企业也是同理，营销工具决定盈利能力的基础。

1.超级路演大会是新式武器

超级路演大会是最具先锋性的超级变现力，具有先进、锋利、低成本、高效率、结果好的特征。

如何实现销售和营销成果的快速转化？

用一场超级震撼的会议和超级强烈的仪式感让企业的产品、项目和品牌得到急速转化，进而成就企业的品牌和销量。能够完成这一神圣目标的重要方法和工具就是：开好一场振奋人心、值得行动和深受信任的超级路演大会。

路演开始，主持人开场白：现场的各位朋友，大家好！欢迎大家来到"好心情，绿色行"康师傅绿茶巡展活动的现场，在今天的活动中，将有精彩的表演、有趣的游戏和丰富的礼品。此外，您只要来到我们的销售区现场购买康师傅绿茶，便参加我们的刮卡兑奖和抽奖活动，有机会获得杭州3天2夜免费游及苏有朋杭州演唱会入场券，奖品多多，机会多多。

好，在一段简单的介绍之后，我们的巡展活动就正式开始了，首先请大家欣赏由四位青春靓丽的女孩子给大家献上的一段充满活力的韵律操表演，大家掌声欢迎。

不开超级路演大会，开不出信心、开不出信任、开不出信念，那么，这个企业的营销是非常平庸和危险的。

家里装空调，买什么品牌？你会说当然选择目前最著名的品牌，格力和海尔都是国内的名牌，按照你的喜好选择，决定权在你手里。

对于营销，之前的传统渠道已经淘汰了，企业的产品如何销售出去，让企业家大伤脑筋。经过一段时间的探索，各企业都找到了盈利能力很强的超级路演大会。比如：

武汉举行"奔跑吧，瞪羚"重点科创项目路演大赛。设置基础装备制造、新一代信息技术、新材料新能源等三大项目，希望发掘一批有技术、有实力的"独角兽"给予资金及政策支持，为他们拓展未来发展空间。经过严格的层层选拔，华砺智行、图达通等5家武汉经开区科创企业入围路演决赛。

中国农机学会举行"科创中国"科技成果转化路演大会暨全国现代农业装备高峰论坛。为了推进科技成果转化落地，中国农机学会联合浙江农机学会、重庆农机学会和山东农机学会，开展了农业装备领域科技成果征集活动。经专家评审遴选，编辑印制了包括种植、收获、田间管理、智能农机等相关领域100项科技成果的《农业装备科技成果汇编（2020）》。为了更直接促进科技成果转化落地，随后还举行了"科创中国"农业装备科技成果转化路演大会。来自浙江大学、山东理工大学、浙江理工大学等单位的8项科技创新成果先后进行了路演。

目前，中国进入"三不缺"时代，即不缺好产品、不缺好项目、不缺赚钱机会。同时，企业也出现"三难"情况：产品销售难、项目招商难、业绩增长难。

面对此种情况，选择一个突破口成为当务之急。于是给了路演大行其道的契机。**大家把路演，尤其是超级路演大会当成盈利的新式武器。通过路演抢占心智，建立认知，给用户一个选择我而不选择竞争对手的理由。路演可以快速建立人格化认知，产生情感化连接，实现对人的信任。未来时代"谁来卖"比"卖什么"更重要。**

2.超级营销工具的四个特征

营销是什么？是企业发现或找准消费者需求，让消费者了解该产品进而购买该产品的过程。而营销并不像数学公式那样一成不变，会随着时代的变化而变化。目前我们已经进入营销4.0时代，称为"路演营销"，四个时代各有明显的特征。

1.0时代，销售特征是推销。企业生产出产品后，让业务员背着到全国各地走街串巷销售。那时候是卖方主导市场。因为大家都缺少日常生活必需品，只要企业能生产出来，就没有销售不了的产品。

2.0时代，销售特征是销售。是产品主导市场。客户追求的是产品的质量好不好，能用多久之类的问题，只要有技术过硬的产品，不怕没有市场。只要销售人员能给客户讲明白这个东西有什么用，以及怎么用后，就会有人购买，各种产品都会占有一定的市场份额。

3.0时代，销售特征是营销。是以市场为主导。此时的产品已经满足供应，大量的品牌数不胜数，各类产品不计其数，销售渠道多种多样。营销人员不是像以前那样只给客户讲产品有什么功能就可以了，而是要知道客户需要什么，才能卖掉产品。

4.0时代，销售特征是路演。是认知主导时期。面对多种销售渠道及各类商品，客户并不知道自己到底需要什么。需要销售人员与客户建立关系从而获得其真实的需求，说明能为客户带来什么好处，解决什么难题。

基于超级营销4.0时代，我们创造性地提出**"路演营销"理论**，应该说路演营销是我的原创理论，**"路演营销"简单说就是入心营销，就是通过建立认知，抢占用户心智，采用一对多的价值传播方式，实现低成本，高效率，大规模，快速获取现金流，达到收心、收人、收钱、收获品牌影响力的"四收"效果，是当今最先进的营销新方法。**

3.超级路演大会带来"五势"效应

"酒香不怕巷子深"的时代已经一去不返了，即：企业生产出来的产品再好，如果没有人知道是什么东西也是枉然。销售不出去产品，企业走向倒闭是迟早的事。为了不出现这种结局，企业家们绞尽脑汁日思夜想。而超级路演正是解决企业家苦恼的良药，会给企业带来造势、声势、借势、财势、气势"五势"效应。

①造势

"激水之疾，至于漂石者，势也。"一个刚开张的新企业，一种刚上市的新产品，知名度低，企业需要造势以提高知名度，以势为其鸣锣开道。一个实力雄厚的知名企业，一种名牌产品，虽然在市场有了一定的地位，仍需继续造势，比如adidas、LV、Hermès为了提升企业形象，经常举办路演活动。

②声势

狐假虎威的成语大家都听说过，狐狸假借老虎的威风去吓唬森林里其他野兽，让老虎觉得狐狸很了不起，其实老虎不知道那是由于它在才吓退百兽的。狐狸是借助老虎的声势，才有这样的结果。路演也可以为企业和产品带来巨大的声势。

③借势

企业及时抓住广受关注的社会新闻、事件以及明星人物的效应，结合企业或产品在传播上欲达到的营销目的，而展开一系列相关活动。借势营销是将销售的目的隐藏于活动之中，将产品推广融入消费者喜闻乐见的环境里，让他们了解产品并接受产品。超级路演大会能够让企业借势而起。

④财势

企业的一切经营活动都是为了盈利。超级路演大会也是企业获得利润的主要方式。比如产品路演、招聘路演、项目路演、电影路演，都会把产品项目电影变成真金白银，使得企业有足够的资金开发其他项目，进行产品科研，继续发展下去。

⑤气势

无论是企业还是品牌，尽管在市场已经有了一定的地位，如果不进行维护或竞争，就会失去已有的地位。一场成功的超级路演大会，马上可以为企业或产品打造出更强大的气势，让本来有希望超越你的对手企业望尘莫及。

超级路演大会九步操作法

在为企业提供项目打磨的这些年，我亲自创意策划了上百场不同类型的超级路演大会，提炼总结出了开好超级路演大会的九步操作法，这套方法简单有效，形成了一套系统。这套操作方法包括九个步骤。

1.明确目的就是结果导向

京瓷哲学明确地说明了企业的目的、企业的目标，也就是要将这家企业办成什么样子。此外，在树立企业应努力实现的远大目标时，京瓷哲学还包括为了实现员工自己的希望和理想，什么是必备的、需要有什么样的思维方式。

京瓷公司刚诞生的时候，员工还不到一百人，从那时起，我就立志把它打造为"世界第一的精密陶瓷企业"。当时名不见经传的京瓷公司，要想成为日本第一的精密陶瓷企业，简直是天方夜谭。然而，在和员工反复强调"要立志成为世界第一的企业"的同时，我也下定决心要努力贯彻"树立高远的目标""付出不亚于任何人的努力""把自己逼入绝境""认认真真地生活"，等等，这些严于律己的生活方式和思维方式。

就像攀登险峻的高峰需要严格的训练和充足的装备一样，为了实现高远的目标，也需要与之相匹配的思维方法和方法论。这种强调严于律己的超级认真的生存方法，就是京瓷公司立志攀登高峰时所需要的准备、装备和技术。

以上是稻盛和夫在2010年1月20日的盛和塾夏威夷开塾仪式上的部分讲话内容。

就超级路演大会而言，如果企业明确目标是什么，然后想尽一切办法实现它，最后的结果一定是好的。如果超级路演大会没有目的，那么就不会出现良好的结果。简而言之，明确目的就是结果导向。

比如，在海外发行股票时的路演，企业要达到的目的有三个。首先是查明投资者的需求情况，以决定发行量、发行价和发行时机，要保证重点销售。其次使投资者了解企业的情况，作出价格的判断，再利用销售的计划，形成投资者之间的竞争，最大限度地提高价格评估。最后是为了与投资者保持关系做准备。

无须多言，照此目的执行下去，结果就会是企业想得到的。

2.会议主题就是使命宣言

会议的主题为"水库大坝建设和管理中的技术进展"，其内容就是"会议将根据会员单位建议，针对十二五期间我国水库大坝建设和水利水电发展新形势、重大水利水电工程的建设管理经验回顾总结，以及坝工界关注的大坝安全管理、环境友好新技术等内容，邀请专家做专题报告，并拟邀请美国、土耳其等国际专家就当前关注的大坝风险管理、胶结颗粒坝新型筑坝技术等做学术报告。"

主题是"不忘初心、牢记使命"的工作会议，其内容就是"为中国人民谋幸福，为中华民族谋复兴，是中国共产党人的初心和使命，是激励一代代中国共产党人前赴后继、英勇奋斗的根本动力。"

主题的确定需要考虑几个因素：（1）看主题大概知道此次路演的大体内容，主题反映的是这次路演的使命。（2）不要使用晦涩难懂的词语，也不要照抄其他企业已经使用过的。（3）宣传广告彩页，礼物礼品及背景布高度一致。例如：

vivo以主题"X23遇见蔡徐坤"的路演活动，是希望将vivo品牌以及蔡徐坤的时尚形象进行联动，为v粉和IKUN们送上专属于他们的福利，让他们能够一同感受vivo X23和偶像蔡徐坤带来的时尚魅力。活动现场共被分为流光空间、驭光空间、潮光空间，以及产品体验区四个区域，人们可在不同的区域内去感受X23带来的非凡光感体验。并且，为了契合此次路演的主题，展馆内部的各个区域都布满了潮流时尚元素。活动开始，蔡徐坤便登上舞台，不仅现场签名为vivo X23送出祝福，还与现场的粉丝进行了亲密的互动。

在产品路演活动中，好的主题就是锦上添花，会为这次路演活动加分，因此，企业要在超级路演大会主题上动脑筋。超级路演大会主题可以结合当地特色创新，主题不同，吸引消费者的噱头也不一样。

3.流程设计就是递进成交

做事情前要有一个计划，比如你想在自己家里举办家庭集会，要确定来多少人、都有谁、菜品多少种、酒类是多少种等。企业举办超级路演大会也是同样道理，要事先进行流程设计，这是确保成交的前提。以企业上市路演为例，流程设计如下。

企业上市路演流程设计

①日期的选择。企业上市路演在哪天举办没有明文规定，一般是在企业获准上市且招股说明书获批准后进行。

②场地的选择。一般选择宾馆或酒店的会议厅。需要注意的是所选场地的面积与预期到会人员数量的比例是否适宜。

③日程安排。尽量选择经纪人精力最旺盛的时间。通常选择周三或者周四,一定要避免与其他重要活动的冲突。

④介绍公司。准备丰富的宣传材料，将公司的特点、经营状况、战略部署及发展前景等对经纪人和投资者进行详尽地介绍，以求其认可。

⑤后续服务。路演之后，一定要对经纪人和投资者进行后续跟踪服务，以便落实会议预期的目的。

发行上市路演流程设计

①准备路演资料。包括路演PPT、企业宣传片、保荐人研究员撰写的投资价值报告等文件。

②一对一路演。在"北上广深"这些城市拜会机构投资者，进行一对一的沟通和推介。

③三地公开路演。一般是在"北上深"城市召开路演推介会议，公开邀请机构投资者参加。

④询价、定价。根据参与配售机构的报价综合确定发行价格。

⑤网上路演。

⑥网下配售。

⑦网上发行。

⑧上市。

4.超级产品就是最亮主角

一家企业不管是处于创业初期还是几十年的老江湖，超级路演大会是让社会了解企业的最简单、最直接的途径。

一款超级产品之所以通过路演来呈现，是因为相比文字、PPT传递、表格说明，路演是最能说明产品的方式。

第一，我们解决了客户的什么问题。企业要告诉听众为他们解决了什么问题，这个问题必须是企业对整个行业的研究和对消费者的洞察之后得出的结论。

第二，我们如何与众不同。这个问题的关键在于告诉听众，与其他同行业相比在哪些方面是不同的，企业的核心竞争特色是什么。例如，西安市文化和旅游局主办的"游十三朝古都·看十四运盛会"的营销路演。

围绕"相约西安　筑梦全运"主题，市文化和旅游局策划推出了盛世长安体验游、阳光运动会展游、户外登山探险游等系列全运游主题线路和西安奥林匹克体育中心、全运村、城市立方文化体育综合体、国际会议中心等一批全运游打卡地。同时，将通过开展"游十三朝古都·看十四运盛会"文化旅游主题营销推广，推动文旅与赛事、高铁、航空等多领域深度融合发展。以重要时间节点和传统节日为契机，将在高铁沿线城市、成渝、京津冀、长三角城市开展全方位、立体化、多层次的营销主题推介，进一步叫响"游十三朝古都·看十四运盛会"城市营销品牌，深度挖掘客源市场潜力。

随后，在场观众一起观看了西安话剧院演出的话剧《共产党宣言》。演出结束时，现场响起热烈的掌声，不少徐州观众久久不愿意离去，沉浸在荡气回肠、激情澎湃的红色故事中。"我内心非常激动，今天收获非常多！"不少现场观众表示，他们被西安的文化艺术折服，对西安的向往更加浓烈。

举办产品超级路演大会时，内容要合理安排，尽可能地活跃气氛，同时也可以增加抽奖、比赛、送小礼品等形式，通过这些形式来获得大众的关注和人气。提升活动现场的氛围，达到超级路演大会的宣传效果。

5.政策设计就是动力按钮

举办路演活动，无论是企业还是路演公司，都是为了一个共同的目标。招商路演是把投资人吸引进来；产品营销路演是让听众产生购买的欲望，从而传播给更多的人；影片路演是引起听众的兴趣，让更多的人走电影院观看影片。想达到预期的效果，仅靠明确路演的目的或路演的主题是不够的，更好的办法是把政策的号召设计进路演之中，这是个不错的动力按钮。比如：

2021年7月4日，顺联动力路演团队在重庆举办资本路演，主题为"消费升级·熟人经济·私域流量"，详细讲解顺联动力的发展历程和破局之道，深入探讨电商企业多元化发展的种种举措。国家在反垄断领域持续亮剑，不断推动电商多元化发展，从侧面保护了顺联动力等电商"新秀"的规范发展与合法权益。政策上的指引与用户消费习惯的改变，使得专注下沉市场的顺联动力迅速崛起壮大。

这次路演的主题就是来自平安证券在今年六月所发布的《商贸零售行业2021年半年度策略报告——电商多元化趋势显现，新消费领域发展遇良机》。有政策的支持无疑为本期路演增加了动力。

2021年7月29日，"科创中国"技术路演—欧洲国家生命健康产业项目（温州）专场活动在温州市瓯江国际学术交流中心举行，来自海内外生命健康领域的专家学者通过线上线下结合的方式，跨越时空分享生命健康领域前沿技术与创新项目。这次路演的主题"科创中国"是中国科协打造的品牌，旨在构建资源整合、供需对接的技术服务和交易平台。而这个平台就是在政府倡导下创建的。

上面两场路演都是政策给予了很大的助力。也就是说，如果没有国家政策的宏观指导，就没有企业的繁荣。而一场别开生面的路演是离不开政策这个动力按钮的支持的，一旦按下按钮将会产生无穷的动力。

6.重磅嘉宾就是信任加持

一次招商路演，如果只有企业领导和路演团队的人员参加，多少有点冷清。如果有名人大V参加进来，那就会是另外一番景象，路演瞬间提升一个档次。比如：

2021年8月3日下午，由中国建设银行深圳市分行、深圳天使母基金联合主办的"创业者港湾·天使荟"系列路演活动第四场—英诺天使专场在建行（深港）创业者港湾举行。出席本次活动的嘉宾包括深圳天使母基金协同发展部部长江智锋、深圳建行科创企业经营中心副总经理叶创、建行深圳水贝珠宝支行行长文俊雄、英诺天使基金合伙人刘溪、清源投资合伙人张杨、云创资本副总经理孙笑涛、中金前海发展基金董事总经理胡祺昊、基石资本执行董事王飞等。

2021年8月5日，"科创中国"技术路演—俄罗斯高新技术（沈阳）专场活动在沈阳中关村智能制造创新中心举办。技术路演活动分致辞和路演推介两个环节，分别由沈阳市科协党组书记、副主席吴智丰和中国科学院沈阳分院党组书记、中国科学院沈阳自动化研究所所长于海斌主持。中国科学技术协会党组成员、书记处书记王进展，俄罗斯科工联副主席兼第一书记德鲁卡连科·谢尔盖·彼得罗维奇。

重磅嘉宾的加入，不仅提高了路演的效果和规模，听众的信任感也大大加强。

7.内容路演就是入心营销

在影视市场竞争如此激烈的时期，阿里影业总裁李捷认为："'内容为王'是这个行业的真理，内容行业本质上内容最重要，如果不做内容的公司想在这个行业里有核心竞争力，这是非常难的。"他认为，电影不再是资本追逐的行业，没有资金实力、缺乏内容制作能力的公司逐渐出局。

近年来，越来越多的企业家开始重视路演。但是，一位投资人看完路演说了一句话："无论我们做的是什么项目，目的只有一个，那就是利益，如何通过我们的产品获得用户的认可，立足于市场，以及尽快得到市场回报，这才是最关键的"，由此而来，企业在项目PPT中必须花费大量心思去研究市场效益方面，只有能够盈利的项目才是好项目，而且投资人关心的也是这点，其他的东西无法引起投资人的兴趣。

在路演过程中，中国科学院副秘书长严庆在致辞"中科院一直积极响应国家号召，持续推进'双创'工作，'中国科学院创客之夜'经过几年的发展，已经成为全国创新创业的品牌活动，也是中科院每年对外展示双创成果，与产业界和投资人交流互动的重要平台"。

深圳市科技创新委员会副主任钟海说："过去40年，深圳以企业为主体、以市场为导向，形成了一个'热带雨林'般的创新生态，培育了一批高新技术企业。未来40年，我们将走一条从产业创新回溯补强基础研究，双轮驱动的创新之路，打造一个从基础研究到技术攻关，到成果产业化、科技金融、人才支撑的全新链条。通过本次活动，希望中科院的创新成果像种子一样，在深圳的创新生态下茁壮成长，推动深圳源头创新"。

路演与演讲存在很大的区别，演讲成功与否关键是外在的表现，而路演是以输出价值、内容取胜。演讲是演在前，讲在后；路演是内容在前，演在后。你传达给听众的是有逻辑、有内容、有情感的盛宴。乔布斯、雷军等人的路演内容都是标杆。"无内容，不路演"这话总结得太有道理了。

8.媒体采访就是放大声量

短短一个多月时间，中国国际进口博览局就携手多地商务主管部门，分别在国内五个城市举办了5场招商路演。在招商路演中，为众多参展商和意向参会采购商提供了一个提前面对面交流的机会。众多参展的最新展品、参展细节被提前"剧透"了，很多即将在第三届进博会上首展、首秀的展品被提前介绍给众多采购商。加之电视台、网站等各路媒体的采访，充分调动了采购商的好奇心，引起了更多客商的参会兴趣，激发出了更大的参会热情。

以上案例说明，在一场路演中，不仅要有精彩的内容，更要有媒体的采访帮助路演放大声量。这样的例子还有很多，用比比皆是来形容一点不为过。

2021年7月10日，电影《燃野少年的天空》上映前，"超快乐夏日歌舞会"主题路演正在进行中，导演韩琰，编剧里则林，主演彭昱畅、许恩怡、孙芮、斯外戈等现身杭州，与观众互动交流。韩琰在现场接受记者采访时表示："每个人在青春期都会遇到很多问题，我们做这部电影就是希望大家在这部电影里寻找到一种力量，你可以勇敢面对你的青春、你的未来，没有一定要赢，只要过得开心。"

对企业家而言，路演很重要，在路演中接受媒体采访同样重要。有的记者在采访前会对企业做一些功课，在路演现场可能提一些意想不到的问题。此时，企业家更应该打起精神，好好配合，如果你表现优秀，那就是给本次路演放大声量的有利时机，一定不要错过。

9.感恩晚宴就是关系升温

一次招商或产品路演结束后，并不是"万事俱备"了，还要为投资者或客户举办一场热情洋溢的宴会。"要想抓住男人的心先要抓住他的胃"，这句话对路演企业也具有同样效力，"要想抓住客户的心先要抓住他们的胃"是放之四海而皆准的方法。

主题为"感恩十年三生有幸"的三生（中国）三五战略解读暨感恩答谢

晚宴在杭州海外海皇冠假日酒店宴会厅举行，来自全球的三生家人们欢聚一堂，度过了一个愉快的夜晚。三生（中国）战略顾问虞中炜为大家带来"三生三五战略解读"。他认为，三生在十周年这样一个特殊的节点来总结过去，思考未来是非常有意义——三生将站在一个全新的高度，在互联网时代与时俱进，在发展中融入新的思想、新的技术、新的模式和新的文化，构建起持续的、面向未来的企业核心竞争力，从而实现"新跨越"。

举行感恩晚宴不在于企业选择的酒店有多豪华，也不在于桌上的菜品有多丰盛。客户并不是为了一顿饭而来，能来的全是源于情义。因此，企业举办一次感恩晚宴与客户增加友情，双方的关系也会更深一步。

深圳市科力恩生物医疗有限公司为了答谢广大客户的关心、支持与厚爱，在深圳市金茂园大酒店隆重举行了答谢晚宴。科力恩公司作为行业内氢分子设备技术专利的最多拥有者，氢分子生物医学研究院创建者，富氢水生成器产品标准制定者，科力恩在氢分子医学行业成绩斐然。此次晚宴高朋满座，宾客云集，300余嘉宾，齐聚一堂，共同见证和庆贺科力恩这具有历史意义的隆重时刻。

在温情欢乐的感恩晚宴中，企业家及负责人会向广大客户一一敬酒，和他们一起欢笑，一起游戏。在这欢声笑语之中，企业与客户的关系无声无息地加深了一层，他们对产品会越来越忠诚，对企业越来越崇敬。

超级路演大会"三主三注"

任何一场路演都不是想达到什么程度就能达到什么程度，想要什么样的结果就会有什么样的结果。其中有必须做到的三件事情，还有需要注意的三个方面。能做的做到了，需要注意的避免了，才能是一次优质的路演。

1.三个主义：使命主义、信心主义、变现主义

举办一场优质的路演是所有企业都想要的结果。超级路演大会容不得半点疏忽，来不得半点虚假，必须要扎扎实实地一步步做下去，才能得到理想的结果。否则，谈什么结果是理想的？

使命主义

把路演当成真正的一件事来做，像珍惜自己的生命一样，而不是做一天和尚撞一天钟。打一个不是很恰当的比方，路演就像你培养孩子，你一定希望通过你的辛苦养育，孩子将来可以顺利读完大学，成为一个工程师、科学家。那就把路演当成自己的使命，尽最大努力把它做好。

信心主义

这里所讲的信心并不是你的心理问题，而是要把路演当成解决企业产品销售危机、品牌创建的利器、项目招商必达、电影推广必成的信心。这是让所有的企业从此不再有经济困难的妙药，是走出自己的小圈子，冲进世界品牌之林的最佳途径。因此，企业要进行的这场路演，是让更多的民众了解企业并支持产品。如此，就有办好一次路演的底气。

变现主义

对于企业而言，任何没有盈利的活动都是没有意义的。路演也是如此，千万不要以为这是企业一次无所谓的作秀，也不要以为没什么大不了的，只不过是大家聚在一起玩玩而已。或者，我已经尽力了，成功或失败那是企业的事，与我无关。你的心中要时刻装着"变现主义"四个字，你的任务是通过举办路演为企业的产品变现，为一个项目招商变现，为一个品牌变现。

2.三个注意：没有亮点、没有价值、没有创意

错误往往出现在粗心大意上，以交通事故为例。疲劳驾驶造成的车祸，多数是由于司机超长时间开车而得不到休息。还有一些是因为开车时打电话或做其他小动作，导致不能全身心驾驶。如果加以注意，一些交通事故是可以避免的。失败的路演也是因为一些错误造成的。

没有亮点

本来是一场不错的路演，在你的手里却失败了。像一句流行语说的："一把好牌打得稀烂""没有内容只靠金钱堆砌"。拆解开，意思就是给企业花了很多钱，把路演现场装扮得像五星级大酒店一样富丽堂皇，高人贵客也请了很多，但是整场路演却没什么内容。无疑，这是路演失败的标志。

没有价值

一场不成功的路演，往往在结束后会有这样的评价"没有价值只靠政策让利"。以招商路演为例，融资路演是一件非常重要的事情，一旦获得投资人的青睐，就能帮助你的公司腾飞；相反，如果搞砸路演，你的创业想法可能就永远无法实现。大部分创业者是"创意的巨人，路演的矮子"。而优质的招商路演基本具备彰显团队软实力、用数据证实逻辑及你的商业梦想、以价值驱动利益及聚集核心竞争力三个特征。

没有创意

听众看完你的路演后一脸失望，主持人刚讲了没几句就开始表演歌舞，要不就是引不起笑声的相声，听众给这次路演的总结就是"没有特色，只靠娱乐维系"。听众不是吃素的，可能参加过很多次路演，评判的眼光已经到了专业级别。这是事前没有做好策划方案的结果。

超级路演大会是我们独创的一套新型品牌营销方式，通过上百家企业的实践，显示出了它的巨大威力，所以经历过我们超级路演大会洗礼的企业与

客户，经常会这样给我们反馈，超级路演大会就是超级销量，就是超级变现，是成就超级品牌最低成本的一种方法。**超级路演大会输出品牌文化、塑造品牌形象、呈现品牌实力，沟通品牌价值，超级路演大会成就超级品牌**，企业赶快行动起来，开好超级路演大会。

项目打磨案例解析：无锡庆源激光 2020 年年会策划方案

无锡庆源激光是我们从 2018 年就开始服务的企业，已经帮助庆源激光连续策划了 3 年年会，打磨出了庆源激光"入心营销"的全新销售模式，取得了巨大效果。

我们来展示一下为庆源激光策划的 2020 年年会创意方案。

年会主题：开启制造业效率革命 3.0 时代——价值创新

副主题：摆脱价格血战、开创利润蓝海

年会流程

一、诗朗诵：活着，就是一种幸福

（回顾 2020，以疫情为线索，彰显中国力量和企业家精神以及庆源激光的家国情怀，以感人的图片场景为呈现背景，做到感动、动情和给人内在力量）

二、颁奖：感动庆源 2020 年度人物

（供应链＋合作客户＋内部员工，奖品创新更有价值）

三、高管分享："开启制造业效率革命 3.0"

四、新书发布：效率革命—致敬中国制造十大人物

（庆源激光与十位客户企业家联手打造，十位企业家现场签名版，通过仪式感增强制造业老板的荣耀感和成就感）

五、选出三位发言

发言围绕与庆源的故事和通过与庆源合作带来的改变，对外来合作的信心与期许

六、高管演讲：服务创新———一切只为客户创造价值

重点介绍：庆源通过服务创造差异化价值，导出"价值服务工程师"

（庆源激光服务升级，成立工程师队伍，通过深度服务为客户创造价值；举行工程师宣言）

七、庆源激光商学院发布"效率革命3.0之价值创新总裁班"

八、曾总主题演讲：效率革命3.0之价值创新

九、产品路演推荐签单

此次年会产品订单40多台，销售金额3000多万，这就是超级路演年会的力量。

案例解析：无锡庆源激光的超级路演大会

庆源激光是从2018年10月启动项目打磨的。我给企业一直在宣讲的是：要么做第一，要么做唯一。大就大得波澜壮阔，小就小得锋利无比。因为第一可以整合资源，因为唯一可以突出重围。要么成为行业第一，要么成为细分品类的第一，第一是超级品牌的冠军基因。把市场优势、质量优势、技术优势、品质优势转化为用户的认知优势，唯有此才有出路，才能赢得竞争赢得利润。

我们为庆源激光量身打磨了一套超级路演大会营销模式，超级路演大会一般全程3个小时，主办方进行参会人员的邀约，参会价值塑造，我们从大会主题、3个小时的会议流程、路演PPT内容的打磨，到销售团队的培训训练，形成一整套可操作方案。

2021年4月10日，由无锡庆源激光科技有限公司举办的"开启制造业效率革命3.0时代之价值创新"暨庆源激光2021年新产品推广超级路演大会在江苏扬州隆重举行。本次活动旨在探讨如何"摆脱价格血战，开创利润蓝

海"，通过为顾客创造更多的价值来争取顾客，实现价值创新，开启制造业效率革命3.0时代。

庆源激光是一家业内先进的激光切割方案提供商，多年来致力于结合行业的发展趋势，在激光领域不断探索，深耕细作，勇于创新，坚持用先进技术推动客户的效率革命，坚持用完善的服务体系推动制造业的价值创新，帮助制造企业摆脱低价竞争、恶性竞争的血战，开创以效率为发展基础的蓝海。

无锡庆源激光科技有限公司创始人曾军河，销售总监何海龙，市场总监陆峻峰，销售副总监鹿先龙，苏北大区销售总监丁双东等嘉宾隆重出席。

2021年7月24日，无锡庆源激光科技有限公司在美丽的江苏盐城举办了"开启制造业效率革命3.0时代之价值创新"暨庆源激光2021年新产品推广超级路演大会。

"开启制造业效率革命3.0时代之价值创新"盛会是庆源激光推出的全国性分享促销活动之一，旨在通过"价值创新"的方式，为制造企业实现提质增效，帮助制造企业摆脱价格血战，开创企业的利润蓝海。活动上，创始人曾军河、销售副总监鹿先龙分别为大家带来了精彩的演讲。

庆源激光销售副总监鹿先龙为大家分享了《开启制造业革命3.0时代》，详细介绍了庆源激光最新的关于中国制造业2021发展研究成果，深入诠释了庆源激光一路走来的经营理念和服务态度。

总经理曾军河上台致辞并发表主题演讲。在演讲中，分享了庆源激光发展的历程和主要成就，并就行业发展和企业未来经营规划做了专业分析。曾军河精彩的演讲赢得了现场阵阵掌声。最后，曾总再次对现场嘉宾的到来表示欢迎与感谢。

活动当天，庆源激光还为五位企业忠实用户颁发"感动庆源年度客户"奖项，感谢他们一直以来的陪伴与支持。俗话说"纸上得来终觉浅"，企业服务与产品好不好，客户说得才算数。获奖用户们纷纷"现身说法"，分享他们与庆源激光愉快的合作经历以及良好的设备使用心得。

在交流互动环节中，庆源激光的工作人员满怀热情招待每一位前来与会的观众，为大家详细介绍了庆源激光的产品特点和服务优势。或许是庆源激光员工热情的服务打动了现场观众，又或许是庆源激光过硬的产品质量征服了听众，诸多用户当场签订了合作意向。

庆源激光用超级路演大会的模式，创造过单场签单5000万元人民币的极佳战绩。

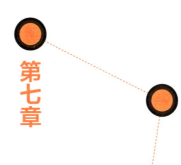

第七章

变现哲学——
赢取超级人心红利

变现是术，人心是道

无论是建立品牌形象、决定收取年费、网上售卖课程、企业对接服务，还是商店或网上零售产品等，目的都是变现。变现需要方法、工具，方法、工具易学，但方法、工具会随着时间、环境等要素的变化而变化，这是变现之术。

"人心惟危，道心惟微，惟精惟一，允执厥中"，出自《大禹谟》。即：人心常欺诈，而道常恍惚不定而难得，惟有专注于至诚，方能致中得和。**赢得人心才是变现之道，唯有赢得人心，才会生生不息。**

1.流量红利见顶，人心红利开启

有人认为，自2019年开始，有两个红利消失了：**一是人口红利**。自改革开放四十多年来，人口红利是中国经济高速增长的重要推动力，对经济增长的贡献约为25%。由于出生率的降低，人口结构已发生根本变化。人口红利都是青壮年带来的，但青年人越来越少了，老年人越来越多了，越来越多的夫妇不愿意生孩子，因为生孩子的成本越来越高了。这些都表明人口红利已经消失了。在"十三五"期间，"人口红利"对经济潜在增长率的贡献降低，自2020年开始，"人口红利"将逐步变为"人口负债"。

另一个是流量红利。2013年之前，互联网技术并没有今天这样发达，各种App技术也处于探索时期。智能手机只有一部分人拥有，大多数人使用的还是功能机。2013年之后，互联网技术突飞猛进，智能手机越来越多，移动网民规模在不断增加，这块蛋糕随之不断地变大。在这种背景下，移动互联网企业开发出来的新产品得到普遍认可，因为整个行业的用户规模都在增加。互联网整块蛋糕在变大，每个企业分得的蛋糕自然也在变大，这就是"流量红利"。

但是在2017年后，智能手机用户基本普及——蛋糕大小固定了，流量红利也随之见顶。从某种意义上来说，流量是用户的注意力，是用户的关注度。尤其是在因"信息过剩"导致"注意力缺失"的时代，较高的关注度就意味着你有明星般的知名度，在商业运作过程中，客户考虑你的概率就越大。流量在商业活动中扮演的往往是城市中心商业区的旺铺角色，始终有足够的消费者经过和光顾，所以，流量的价格完全可以像房租一样，占据商家利润的一半以上的比例。

事实上，国内互联网巨头们早已向大众证明，只要有流量，产业链环节的其他服务商都得为他打工。而流量的本质是注意力，注意力只能带来短期刺激。

上帝关了这扇门，一定会为你打开另一扇门。尽管流量红利见顶，人心红利却迎面而来，人心的契合度才能带来持久的关注、选择和依赖，人心比流量更重要。媒体影响力的基础是赢得人心红利。

经过这么多年的实践，我总结了一套赢取人心，品牌变现公式，这是我的原创内容，品牌变现公式如下：

$$品牌变现 = \left(企业家魅力 + 产品体验力 + 粉丝连接力 \right) \times 路演^{n}$$

解释一下，品牌要想通过路演实现变现，不仅仅是品牌的影响力，其中还包括企业家的个人魅力，企业家的个人魅力是一种稀缺资源，企业家的个人魅力由三个维度组成：靠谱、真牛、自恋。我们再次重申：企业家一定要重视自身个人IP品牌的打造与路演水平的提升。再加上客户对产品体验的反映，还要加上品牌与粉丝们的互动联系，最后乘以路演的n次方，最后实现品牌变现，持续变现，最好还可以裂变。

2.赢取人心才是最持久的变现力

如今，路演已经不仅仅是一种商业手段，在一个人人都能进行路演的时代，不管你是企业家还是从政者，哪怕只是一个普通人，路演都是一项基本的技能，是每个人都应该具备的能力。除了商业上的产品招商、上市、融资，路演的本质其实更加广泛化，更具有延伸性，也更加系统。

有的人，尤其是创业者，总是路演不到位，结果常常事与愿违。路演的内容好比一把沙子，握得太松，捏得太紧，沙子都会漏掉，用适当的力度才能握得住。最常见的是企业家们把路演捏得太紧，以至于"过火"或"夹生"，看来把握好一个度真不是那么容易的事。而简洁可以为你的路演提供宽松的尺度，更易入人心。

2018年6月21日，小米集团在中国香港路演启动，创始人雷军与几位企业主要高管到场，数百名机构投资者参与了活动。雷军此前一直强调小米是一家互联网公司，因为他们知道互联网公司的市盈率是要明显高于硬件公司的。雷军坦言，他已经想通了。雷军用"新物种"这种词语重新定义了小米，他说，"过去一个星期我终于想明白了，小米是全球罕见的，同时能做电商、硬件、互联网的全能型公司。"

雷军已经不执着于小米是一家互联网公司的定位。当投资者还在对小米的定位频频发力、对估值疑虑重重的时候，雷军给出了正面回应："我不关心小米是不是互联网公司。很多人问我到底是给小米腾讯的估值还是苹果的估值，我说我要腾讯乘苹果的估值，因为小米是全能型的"。

雷军表示，"每天看着世界地图，我都心潮澎湃，小米的全球化道路还有很长的路要走。未来10年，世界上最大的手机公司极有可能是一家中国公司，不是华为，就是小米，有极大的概率，就是小米。小米的梦想是成为一家伟大的公司，好公司赚的是利润，伟大的公司赚的是人心，需要的是信任。"

无论是产品变现、增值服务变现、招商变现，还是渠道变现，最有能力最持久的变现力是通过路演赢得人心。

3.商业信仰：得人心者得天下

"得天下有道，得其民，斯得天下矣。得其民有道，得其心，斯得民矣。得其心有道，所欲与之聚之，所恶勿施尔也。民之归仁也，犹水之就下、兽之走圹也。"（《孟子·离娄上》）

2018年4月20日，导演刘若英、田壮壮惊喜亮相深圳高校，为4月28日上映的电影《后来的我们》进行路演。

随着路演活动的进行，观众从电影得到越来越多的感受，关于影片中的北漂戏份，现场同学也纷纷表示："刻画得很真实，很戳泪点。"刘若英说："我希望我拍电影里面的角色是立体化的，我们知道他们从哪里来，而且每个人都会或多或少受到原生家庭的影响，所以在北漂的事情上做了很多功课，包括美术老师帮忙收集一些图片、纪录片，而编剧老师会给我们很多文字，让我们的素材更加立体化。"

对于北漂这段戏，刘若英想要表达的不只是在北京的人，是所有在奋斗的人。谈及漂泊的经历，刘若英现场透露自己当年的奋斗经历："我做助理足有三年半时间，期间所有人都出唱片了，我还是在买便当、打扫厕所……"她也现场回应称，虽然中间很苦很累甚至想要放弃，但是只要一想到做的是自己喜欢的事情，所以就会觉得很开心，同时也没有一样工作是不辛苦的。

此次校园路演，是电影《后来的我们》在上映前提前与高校学子见面，而电影中真实的爱情、亲情、漂泊经历也令在场同学动容，放片过程中有欢笑有泪水，打动了每一个观影同学的心。

"天下熙熙，皆为利来；天下攘攘，皆为利往"。人与人、国与国之间的纷争矛盾多是因利益而生，**"人心是第一位的"，明智者都懂得这个道理**。干任何事情，人的因素大于任何困难的制约，因此，才有制定政策只有获得人心才能成功的定论。**"得人心者得天下"是变现哲学颠扑不破的铁律**。

对于企业来说，如何才能赢得人心、赚取人心红利？还是回归品牌变现公式，这个公式就是一座宝藏，更是一张藏宝图。

$$\text{品牌变现} = \left(\text{企业家魅力} + \text{产品体验力} + \text{粉丝连接力} \right) \times \text{路演}^n$$

从心出发：

张龙年和他的笑傲江湖

在我们项目打磨的企业中有这样一位企业家，他来自沂蒙革命老区，1988年出生，毕业于南京财经大学，目前是超和食品董事长，二代接班人，他的名字叫张龙年。在我和他的交往中，他带给我很大触动，一位这么年轻的创二代，居然对经营企业有着如此深邃的思考，让我心生敬佩。

2020年，张龙年做了一个艰难的决定，将超和做了十多年的小白条生产线停下来，升级改造成一条肉鸡生产线。超和从此放弃单纯屠宰小鸭，转型到分割鸭与分割鸡一厂生产的行业独特模式。放下不容易，开始更不简单。张龙年在2014年从父亲手中接任超和董事长，就开始了超和的转型升级之路。中国鸡鸭行业前途光明但是竞争激烈，其中不乏跨国企业与上市公司，超和如何赢得竞争呢？不转型等死，转型就是找死。张龙年意识到，企业传承与发展永远没有守业，一直是在创业过程中。作为公司的第二代创始人，站在新的起点上，张龙年和他的核心团队一直在问这三个问题：

①10年后鸡鸭行业市场容量还会更大，但是竞争将会更加激烈。我们现在手中的牌并不差，十年后超和是什么样子？是苟延残喘，还是笑傲江湖？

②屠宰行业行情波动太大，工厂多，相对产能过剩。但总有少数企业产能是满负荷，而且任何行情下都能即产即销，保持高效率的生产与流通，再差的行情下都会有不俗的利润。我们怎么做才能跻身一流呢？

③更具体一些，如何打造一支营销铁军，保证销售能力总是大于生产能力呢？

张龙年发现，单纯从产品与业务的转型很显然已经难以制胜。超和必须重塑从企业文化到品牌建设，从组织团队进化到产品业务组合的全面变革与升级，才能为未来十年赢得应有的江湖地位。于是，张龙年从道法术三个层面上启动了以"笑傲江湖"为代号的营销转型三部曲：企业文化落地、薪酬绩效改进、鸡鸭一站采购。幸运的是，也是在这个关键节点刚好遇到我们，通过深入访谈和调研，我帮助超和从顶层设计，进行了 2B 企业的品牌建设，开始了超和品牌之路的打磨，从企业文化到品牌定位与价值体现，从营销模式打造到超级路演的应用，张龙年带领他的团队坚定迈出超和的品牌之路。

1. 超和的 3.0 时代：从企业文化到王牌之道

张瑞敏说过没有成功的企业，只有时代的企业。趋势面前，你之前所有的优势将不值一提。十年前，肉鸡肉鸭行业佼佼者中还有华英、乐港、大用、成达；现在都几乎隐退江湖，或者甘于平庸。张龙年和我交流时说到，2018 年超和食品十周年后，我开始思考超和的未来在哪里。创业就是带着一群人去远方。那么，远方在哪里？我们为什么要去那里？我们的使命是什么？大家的价值观是什么？企业文化给予以上问题清晰的答案。

超和的使命是什么？做一个幸福的人，分享幸福的味道。使命即初心，不忘初心，方得始终。我们追求幸福，用心做出幸福味道的产品！

超和的愿景是什么？铸造市场王牌产品，创建行业一流企业。愿景即我们经营的终极目标。长期看，我们要成为行业一流的企业，就必须要走品牌称王之路。真正的品牌可以做到不销而销。说起来很简单，却需要凝聚团队的力量！

超和的核心价值观是什么？终生奋斗，创造价值，分享成长，共创伟业。核心价值观即为了实现公司愿景，该秉承的发展理念：我们如何才能实现愿景？面对客户，以奋斗者为本。超和欢迎奋斗者与贡献者。努力拼搏的人，总会有人给你让路；但是最终你只有创造出价值，做出贡献，才能真正赢得荣耀。

分"享"成长，"共"创伟业。超和是超和人的超和，就是我们要建立一个共享制企业。什么是伟大的事业？王牌产品、行业一流即是伟大。我们认为，只有发动最广大利益相关者的力量，才能真正实现梦想伟大。张龙年像乔布斯一样充满激情地布道他对超和未来发展的思考以及企业文化的内在价值，让我对这位年轻二代企业家刮目相看！

超和未来想要跻身一流，决定江湖地位的是影响力，而影响力最终靠品牌。我基于超和的过去、现在和未来，提出了超和3.0时代，精准地找到超和的品牌战略，以及准确的品牌价值。

超和1.0是工厂时代，核心在于经营工厂；超和2.0是产品时代，核心在于经营产品；超和3.0是品牌时代，核心在于经营人心！对内经营员工的心，对外经营用户的心。只有两者心心相印，才能真正创造一流业绩。基于此我们帮助超和重新进行品牌战略定位：中国鸡鸭价值链流通效率解决方案服务商。张龙年董事长将以幸福生态商业文明践行者与分享者的身份，打造企业家个人IP品牌。以"联合起来，拥抱用户，共创价值，共同受益，共建幸福生态"为品牌使命，凝聚信念，从心出发，同心共创一个受人尊敬赢得人心的国民品牌！

2.雕刻品牌价值：优秀的企业赚取利润，伟大的企业赚取人心

经营品牌最难的不是找到战略定位，制订品牌文化以及品牌形

象升级，而是后续的"雕刻"工作——如何持续塑造和提升品牌价值。比如稳定的产品质量、精细化管理的打磨，围绕产品的特色属性进行技术投入与研发、人才队伍建设等，这些才是最难的。这是在考验企业家的魄力和功力。

雷军说过：优秀的企业赚取利润，伟大的企业赚取人心。企业文化的落地与品牌价值的实现，必须依靠一个高效而敏捷的组织。而组织的核心便是人心。张龙年说，2015年，在公司举办的第一次年会上，我曾问过全体员工：你想在一家杰出的企业工作呢，还是选择一家平庸的企业？平庸的企业让我们平庸，而杰出的企业会让我们出色。大家都不约而同喊着杰出企业。接着我问大家：那么，如何打造一家杰出的企业？当时，我对大家说，我觉得如果大家都是我张龙年复制过去的话，超和肯定很优秀，当然这是不可能的。但是如果我们比同行更努力更用心一点的话，我们肯定会是一家杰出的企业！

到了2018年超和十周年年会的时候，张龙年总结了超和人走向幸福之路的心法：

强大自己 不断努力，

越努力 越幸运，

越担当 越成长，

越感恩 越幸福，

超和未来 感恩有你。

张龙年说，我们要联合所有人的力量，打造一个紧密联结的利益共同体，一个事业共同体，乃至命运共同体。伟大的企业一定是一群真正幸福的人创建的。用户满意即是修行，员工幸福方是净土！

3.营销模式打磨：从超级路演到笑傲江湖

立足于更好地完成品牌战略，我为超和设计了三级变速营销模式，即"海陆空"立体作战模式。其底层逻辑，就是入心营销。而核心工具就是超级路演。路演不是口才也不是演讲，而是造势，是展示差异化，最终目的是赢取人心！打仗需要武器，经营企业一定需要路演！超级路演就是实现超和笑傲江湖的"倚天剑与屠龙刀"！

什么是江湖？江湖就是人心。江湖险恶，江湖上是有万丈深渊，还是千仞绝峰？是有狼虫虎豹，还是有鬼怪妖魔？都没有，江湖上只有人。没有人心也就没有江湖，更不会有争斗，否则，庄子也不会说"人心险于山川，难于知天了"。

所谓笑傲江湖，是不忘初心，是善始善终，是笑到最后。张龙年梦想超和的未来充满自由的气息，游戏的欢喜，是一个不受外部束缚，全心投入，自动自发的为自己奋斗的江湖；如同孩子玩游戏一般，我们一起创造幸福的江湖。是每个人的梦想都得以实现的江湖，是每张笑脸都由心绽放的江湖。

张龙年正在带领着他的团队，立志打造一个能为社会创造价值的超和集团，一个让员工有归属感乃至幸福感的超和之家，一个受人尊敬最具幸福力的国民品牌：超和！此后余生，张龙年先生将以幸福生态商业文明践行者与分享者的身份去闯荡商业世界，做一个幸福的人，分享幸福的味道！

做好四大"入心营销"

我和很多老板、营销人员交流的时候，总是会听到这样的声音：老师，给我们点套路吧，让我们快速把业绩搞上去。还有很多人认为营销是不是就是打打广告，搞搞促销，实在不行就"价格战"。其实，很多老板甚至营销人员，对营销存在着很多错误的认知与理解。**在我看来，最有力量、最有效果的营销是"入心营销"。**这些年，我一直在传播入心营销，在我们服务的项目中使用入心营销，不仅取得了非常骄人的业绩，更取得非常好的品牌口碑，这才是企业应该追求的营销方式。**我总结入心营销有四种方法：文化营销、教育营销、价值营销、公关营销。**

1.文化营销

营销的本质是围绕着核心用户的核心需求创造价值。用户分为三种类型：价格敏感型、价值敏感型、模糊不清型。销售是让客户满意，营销是让客户崇拜。**文化营销是对企业的目标用户传播企业的理念、使命、价值观以及品牌个性等文化元素，或者是一种生活方式。**

宜家家居是文化营销的簇拥者。在线上销售为主的近15年，宜家线下门店受到的冲击并不大，很多人依然喜欢到门店去购物。如果你是一个宜家迷，请不要错过宜家每年8月份发布的《家居指南》。截至2020年宜家的《家居指南》已经发行70周年，被誉为"家居圣经"。作为全球最大的家居连锁品牌，宜家影响着全球几十亿人的家居生活，《家居指南》作为宜家的一本宣传手册，惊人地成为全球发行量最大的刊物之一。这本指南，为大家预告来年的潮流方向、家居风格、新品以及促销信息，传递着宜家"创造更美好的日常生活"的品牌文化。《家居指南》也越来越注重空间与人的关系，致力于解决各类人群关于家居生活的问题。

在营销策略上，宜家每年有高达70%左右的预算，都花在了《家居指南》上，每一本《家居指南》，影响着消费者的购物心理，引领着人们走进宜家商城。

一本《家居指南》畅销70年，其实就是一本以文化为纽带，让广告用另一种形式发生的入心营销。

文化营销润物细无声，不需要什么套路，一切出发点是为用户创造价值，带给用户不一样的体验与感受。优秀的品牌一定是专业知识普及的高手，是专业领域的权威发言人。

比如，你是"百事可乐"的营销人员，你对客户解释品牌："百事可乐"的第一美感体现在名称上，即"名称之美"。从符合美学角度看，名称属于语言符号，符合韵律学，平仄对应，便于记忆，朗朗上口；取悦了目标消费者，符合了年轻一代的口味爱好和习惯；含义抽象，涵盖面广，符合国际品牌发展趋势，中性无特殊含义，且为品牌个性塑造留下广阔的想象空间；而且还有现代感，反映了现代生活气息，已经赋予了文化的意义，成为象征性符号。"百事可乐"的第二美感来自它的隐喻之美。从美学角度而言，蓝色属于冷色调，蓝色是收缩色，一方面能带给人解渴和冰凉的感觉；另一方面蓝色代表着天空，代表着海洋；蓝色象征着宁静，象征着自由，彰显出创新、年轻和激情，并且，其标志紧扣目标消费者的心理特点。

要想从中国产品迈向中国品牌，成为新匠人新品牌新国货的典范，就要掌握营销文化的价值，产品与品牌是文化的载体，文化是产品与品牌的灵魂，当然文化营销不能一蹴而就，更不会立竿见影，文化营销要坚持做，持续做才会带来巨大价值。文化营销一旦入心，你就有了粉丝效应，真正的粉丝是对文化认可。

2.教育营销

营销界有句名言："用户是被教育出来的。"

乔布斯曾说过，人们经常不知道自己想要什么，被教育过才知道。

真正的营销大师都是做教育的高手。所以，我们在为企业提供服务的时候，都会传播一句话**"未来所有的企业都是咨询教育行业"**。教育与培训是有本质区别的，培训是短期行为，教育是长期行为；培训主要针对技能或技巧的提升，教育是针对价值观、思维方式、专业知识、方法应用等的系统性提升。

乔布斯是教育营销的大师，任正非、马云、雷军、史玉柱等都是教育营销的顶尖高手。

我们建议每家企业都应该建立自己的商学院，对内教育员工，对外教育渠道与用户。我们帮助很多项目打磨企业，建立自己内部简易版商学院，种植一颗教育的种子，植入教育营销的基因。教育营销的落地有两大理念：企业像一所好学校，领导是一位好老师。我们还不断传播"不做老板，做导师"的新商业理念，引导更多老板去做"导师"的角色，也就是承担起教育者的职责。

3.价值营销

价值营销不仅是对抗"价格战"的利器，也是获得人心的关键所在。企业通过向顾客提供最有价值的产品与服务，创造出新的竞争优势。其实，产品价值方面早就从内在、包装、品味、品牌向文化转变了，更有企业已经开始打感情牌讲故事了。

"不是所有牛奶都叫特仑苏"很显然就是一种价值营销。看到这句话你就会想到"不是所有人都能够喝的牛奶",加上国际钢琴大师郎朗的高端形象的塑造,特仑苏的身份和地位就显现出来了。有历史、有故事的产品,总是不会差的。

一个品牌代表着一个故事,展现出企业的核心实力,当品牌被赋予了故事,才能开启客户内心的情感价值,一旦符合大众心理,就会得到普遍认可。

186年独家秘方,怕上火,就喝正宗王老吉。正是这种对于品牌故事的挖掘,才让王老吉的价值感得以提升。

品牌只有延展出一段与众不同的故事,才更容易进入客户的脑海之中,才显得更有格调有内涵,引发大众的联想。

汽车市场近几年进入竞争的时代,智能化、个性化成为汽车竞争力的新卖点,而打造汽车潮奢生活体验,则是像一汽马自达这样"小而美"品牌。一汽马自达在2019年进入价值营销3.0时代。近两年来,随着车市疲软,由各类汽车平分天下进入残酷竞争时代,竞争模式也由堆积产品量、价格吸引向为客户解决痛点的价值营销转变。

品牌是一种信仰,是客户认可企业忠诚于斯的有力标志。品牌增值的源泉来自客户心中形成的产品印象,品牌使企业与客户之间建立了充分的信任。在后工业时代,品牌向人们展示的是独特设计和个性的体验,通过一个符号或单词,传达的却是企业丰富的感受和理念。

优秀的品牌故事可以赋予产品强大的生命力,充分利用品牌的知名度进行延伸,进一步提高品牌的竞争力,从而创造出非凡的价值。

4.公关营销

以策划引发大量传播的营销事件为核心，达到品牌的曝光度、关注度以及良好的事件口碑，被称为公关营销。

2020年元宵节，老乡鸡发布了一个"董事长束从轩手撕员工联名信"的视频，引发巨大轰动。视频中，创始人束从轩出镜，讲述因疫情影响，"老乡鸡"受损5亿元，感谢武汉的"老乡鸡"员工为医护人员送餐，倡导所有人在家隔离，为国家做贡献。另外，就是在家也要多活动，最后，束从轩手撕员工发起的不要工资联名信，并表示卖房卖车也要让员工有饭吃。

视频发出后，迅速引起刷屏，并大获好评，"中国好老板"的声音不绝于耳，"老乡鸡"也妥妥吸了一波粉。不得不说这是一个非常成功的公关营销事件，不管是刻意营销，还是真情流露，都已经成功了。

信息泛滥的时代，一个好的标题已经成功了一半。那段时间，报道中小企业艰难的文章很多，引起了足够高的关注度，用户已经产生了一定的心理冲突。"董事长束从轩手撕员工联名信"这样的标题，极大地引发用户好奇，带动了点击量。这个视频中，束从轩从头到尾都是非常互联网化的风格，引用了很多段子、热词、梗，等等，极大地拉近了与大众的沟通距离。

2020年疫情暴发后，很多企业家都有种严冬来临的感觉，但大多数人仅限于私下、朋友之间的交流。西贝董事长贾国龙反其道而行之，第一个站出来公开"哭穷"，一段《西贝贾国龙：疫情致2万多员工待业　贷款发工资能撑3月》视频，引发全民关注。视频播放第二天，西贝公布：将进店就餐业务转化为外卖业务，并表示将收入捐赠给武汉医生。

这波神操作不得不称赞西贝的公关响应能力之强，神反转成餐饮营销新典范。正所谓"爱哭的孩子有奶吃"，在哭诉一个月将损失7亿，贷款只够支撑3个月后，多家银行主动找到西贝，5天获得4.3亿授信发工资，可以说是瞬间转危为安。

数字时代，企业已经放弃传统的促销手段，关注力集中在提高企业形象和信誉为主要内容的公关营销活动，作为企业主要手段来使用。企业形象作为一种极为宝贵的营销资源，已成为入心营销的重要组成部分。

品牌变现9条哲学

面对数字化的商业环境，企业家们疑问重重：品牌变现的哲学在哪里？这些中小企业经历过营销模式尚不稳定，资本就轮番登台的"风口"时代。市场慢慢进入理性期，企业家更要看清品牌变现的深层逻辑。

1.品牌产品虚实结合的变现之道

"眼见为实，耳听为虚"是老祖宗流传下来的名言。没有固定电话也没手机，想了解什么事情，靠的完全是口口相传。这种方式有一个弊端，传着传着往往出现误差。所以是耳听为虚，只有亲眼见到了才是真相。

另一方面，中国传统绘画的技法之一就是"虚"和"实"。"实"指客观地反映绘画对象，"虚"指图画中笔画稀疏的部分或空白的部分。在中国古代诗歌中，"虚"和"实"结合的表现手法运用比较多。"虚"是指知觉中看不见、摸不着的虚幻世界和梦境等。例如辛弃疾《破阵子醉里挑灯看剑》中梦中胜利的虚幻之景与醒来时的白发现实形成鲜明的对比，让读者体味出诗人空有大志，报国无门的悲哀。"实"是指客观存在的实象、事实、实境。例如《念奴娇赤壁怀古》中上阕的"乱石穿空，惊涛拍岸，卷起千堆雪"，写赤壁险峻的形势；《雨霖铃》中上阕所写的两人分别的情形，如"寒蝉凄切，对长亭晚""执手相看泪眼，竟无语凝噎。"等。"虚实相生"是指虚与实二者之间互相联系，互相渗透与互相转化，以达到虚中有实，实中有虚的境界，从而大大丰富诗中的意象，开拓诗中的意境，为读者提供广阔的审美空间，充实人们的审美趣味。

产品是客户能够用眼睛看到，用手触摸到的物品，是真实的。而品牌是企业文化，是企业的价值，是抽象的，是虚的。只有通过更加形象和具体的表达，才会让消费者产生共鸣，让消费者更容易记忆和理解。

比如，靠文化表述赢得客户认可的耐克，通过品牌表述对客户的认同产生了重要影响。尤其那句几乎人人皆知的口号"just do it"，代表着耐克品牌的核心价值，诠释了充满激励，掌握自己命运的个人意志和一种拼搏向上的运动精神。

《孙子兵法》讲：实则虚之，虚则实之。虚实结合，仗才能赢得漂亮，才能以最小代价取得最大的成果。但如果没有品牌助力，只靠营销人员苦口婆心地向客户解释产品，会把营销人员累死，数字化年代，还采用传统时期的业务模式，营销人员不跑个精光才怪。如果有了品牌助力，大家则会望风来投，市场得来更是容易，仗自然也会打得漂亮。

2.工匠精神赋能产品体验

什么是工匠精神？不同的人有不同的解读。在我的畅销书《工匠精神》一书中我写道"工匠精神就是把产品做到极致的精神。"

有些企业家也担心：弘扬"工匠精神"要求企业提高产品的附加值，制作精良的产品变得价格过高，反而会失去中国企业的优势，在海内外市场上输给了性价比更优的其他发达国家。

其实，制造出质量过关的产品，在扩大市场份额并做大规模后，企业才有能力进一步提高产品质量，再推出高品质的产品和服务，进而真正能与发达国家制造出来的产品抗衡。

诚然，行业的发展离不开企业"想赚钱、赚大钱"的目标。如果企业自身没有技术沉淀，只是为了蹭热点刺激消费，只会给客户体验带来更大的伤害，提前透支未来的市场。提供给消费者的只是过剩的品质，或者过剩的功能与服务，最终陷入价格战的恶性漩涡。

谁都知道，企业有能力与国际企业进行市场竞争、渠道布局、高端引领力、对未来趋势的把控与布局，核心是以客户为导向的创新，以客户的需求为标准设计制造出能体现工匠精神的产品。

在国美，每一件商品都是经过"全网初选、品牌二选、销售三选、口碑四选、比价五选、定价六选、补贴七选、服务八选"这八重真选标准，层层筛选，确保筛选出拥有真材实料的产品。除了"八重"真选商品高标准，国美也通过"GM标准+N"的高标准严选商家，从低价无忧保障、贵宾礼遇无忧、正品无忧保障、特殊售后无忧等方面对用户做出百分百承诺。

在挑商品、挑商家的精细又极其枯燥的过程中，国美真正起到了零售买手的重要作用。中国商业联合会某位官员表示："从零售业来看，买手，就是商业经营和竞争力的实力，也是商业企业核心竞争力。"国美的"真选官"全部是各领域的专业买手，有着资深的行业经验，他们在零售的江湖中，带着工匠精益求精的精神和严苛认真的态度，远赴全国大江南北，在茫茫商品中，优中选优，并从产地、原料、生产、质检、包装、物流等环节溯源，参与商品息息相关的环节中，对质量把关。

事实上，"工匠精神"并不是国外独创的，我国自古就有。根据《考工记》

记述："知得创物，巧者述之，守之世，谓之工。百工之事，皆圣人之作也。"中国古代的茶叶、丝绸、瓷器等，之所以畅销全球，产品制作精良是关键因素。"工匠精神"不只与技术、经济有关，也是一种文化、品格。只有如此，才能给产品赋能，才能给客户带来优质的体验。

今天之中国，需要更多具有工匠精神的新匠人，用一颗纯粹的匠心打磨新国货，创建出更多国民品牌，造福用户，影响世界。

3.升级价值品质，以值保价

作为一家追求品质的企业，如果能够被称为"行业高品质服务的一员"，证明该企业已经是这一行业的标杆。但企业并不应该满足于此，应该不断升级服务品质，进一步提升企业的口碑及竞争力。

在顺丰的服务体系中，不仅有快速、准时两大核心要素，还有低风险这一条，这也是赢得客户信赖的法宝。在当前国内快递行业当中，各家快递企业很难完全避免丢件、损坏或者延误等问题，这是因为每天都有海量的包裹。一旦出现这种情况，客户的权益受损或遭受直接经济损失。如何避免客户的损失也是顺丰要解决的问题，顺丰决定推出保价服务，这是为了应对这种情况而推出的一种非常服务。

一旦用户办理了等值保价，就能在出现丢件、损坏或者延迟等问题时，按照实际损失的金额获得等价值赔偿。这也为广大客户提供了良好的保障，可以避免因丢件、破损造成经济损失，尤其是针对贵重物品，这种保障措施无疑为广大客户吃下了"安心丸"。

无锡金钥匙家装集团为了更好地回馈客户，特别邀请建材行业的优秀企业，围绕建材升级、价格不变、充分实现客户价值等方面深入探讨行业的内生动力和发展趋势。回顾金钥匙，有眼泪、有欢笑、有无助，有执着。经过了地狱般的历练，感受过天堂般的喜悦，可谓是在磨砺中成长，在成长中磨砺，看到今日盛况，感觉一切付出都值得。

在数字化的今天，客户对产品有着近乎苛刻的要求，如何在琳琅满目的产品中选出最适合以及最喜欢的，这就急需商家升级产品的价值品质，以值保价：突破传统思维，注重整体品质的价值。

4. 利他就是最好的利己

利他和利己是一枚硬币的两面，应该把不计回报地帮助他人，变成自己的一种本能。所谓成功，就是在很大程度上满足了他人的需求。利他的范围越大，就越接近成功。反之，想要在越大范围内成就自己，就越需要得到更多人的力量和认同。所以，利他精神发展到极致终究是成就自己。（摘自《关于那些最终将影响人生格局的问题清单》。）

那些在国际上有点名气的企业，其规模有多大、积累了多少财富或信奉什么宗教，都不重要，重要的是境界在什么层次。

在第二次世界大战刚刚结束时，协约国决定在纽约成立联合国。想法不错，但有个问题摆在大家面前：联合国连一寸国土也没有。要知道，当时联合国"身无分文，根本就没有钱去买国土"。

就在各国领导者为此事伤脑筋时，美孚石油公司（标准石油）创办人洛克菲勒伸出了援手，他把自己名下一块价值870万美元的土地，以1美元的价格"出售"给了联合国。

后来，洛克菲勒以联合国作为幌子，在这片土地上规划了外交区，土地迅速增值，获利无法计数，且名利双收。这种投资效果，是用870万美元的传统广告投入所无法达到的，没有人能够计算出洛克菲勒家族经营这片土地到底赚回多少个870万美元。

企业家的最高境界是敬天爱人。"敬天"是尊重自然、尊重科学、尊重法律和社会伦理办企业；"爱人"是要造福人类，促进人类的进步和发展，要至善，要利他。

而利他的最高境界是利己，愿每家企业都能有颗利他之心，以实现最高境界的利己：问心无愧，心安理得，敬天爱人，追求至善。正如某位企业家所说："我生平最高兴的，就是我答应帮助人家去做的事，自己不仅完成了，而且比他们要求的做得更好，当完成这些信诺时，那种兴奋的感觉是难以形容的……"

5.品牌是身份符号的象征

品牌是一种识别符号，是产品被识别的标志，也是产品的身份符号。同时也是消费者的身份证，不同阶层、不同个性的消费者，他们所使用的品牌是不一样的，每一个品牌背后都会有一群具有共同特点的消费者群体。同时，品牌是企业领导者对整个商业活动中出现的产品、价格、品牌、传播、营销等综合智慧的结晶，是企业综合竞争力的集中展现。

比如，耐克（NIKE）是全球著名的体育运动品牌，英文原意指希腊胜利女神，中文译为耐克。耐克商标象征着希腊胜利女神翅膀的羽毛，代表着速度，同时也代表着动感和轻柔。耐克公司的耐克商标，图案是个小钩子，造型简洁有力，急如闪电，一看就让人想到使用耐克体育用品后所产生的速度和爆发力。首次以"耐克"命名的运动鞋，鞋底有方形凸粒以增强稳定性，鞋身的两旁有刀形的弯勾，象征女神的翅膀。

耐克品牌符号与消费者之间的"社交"主要通过两个层面实现，第一层面通过品牌方的营销策略和消费者的购买体验，将耐克的品牌内涵植入消费者的观念中，比如在广告中向消费者传播耐克的"速度"和"时尚"。第二层面的互动则在耐克的粉丝中实现，追求"速度""舒适""时尚"是耐克粉丝共同的消费价值观，在消费过程和品牌运营方的引导下，消费者可以形成有效的价值沟通和交换，通过加深彼此之间的联系增强与品牌之间的羁绊。

也就是说，耐克粉丝因为共同的消费偏好会具备某种共通的价值观，消费者可以在购买产品过程中、耐克的官方粉丝社群或是耐克粉丝见面会中实现彼此的互动。

通过与共同品牌爱好者的沟通和交流，人们可以达成与品牌符号的二次互动，进一步地深化品牌符号的社交意义，增强与品牌的联系。

一个产品未必有标识，但是任何一个品牌，一定有一个对应的产品（或类别）。准确来说应该是"＋对象符号"，识别的对象是产品，才是"产品＋符号"即产品品牌。若识别的"对象"是企业，则是"企业＋符号"即企业品牌。如果识别的"对象"是个人，则是"服务＋符号"即服务品牌，以此类推。

6.价值观营销才是变现的秘密武器

征服一个人并不是使用暴力，那叫屈服，最高境界的征服是让他心服口服。人心的最深内核是价值观念，当品牌在无声无息间传递，并让别人接纳企业的价值观，这才是品牌变现的秘密武器。

提起"无印良品"，大家会联想到一些关键词：简单、朴素、舒适。这从中就能够体现出一种价值观的深刻烙印。

无印良品是日本杂货品牌，日文意为无品牌标志的好产品。产品类别以日常用品为主。产品注重纯朴、简洁、环保、以人为本等理念，在包装与产品设计上皆无品牌标志。产品类别从铅笔、笔记本、食品到厨房的基本用具都有。最近也开始进入房屋建筑、花店、咖啡店等产业类别。无印良品在中国有门店200家、日本百余家。

无印良品的最大特点是极简。其产品没有商标，省略不必要的设计、加工和颜色，简单到只剩下素材和功能本身。除了店面招牌和纸袋上的标识之外，客户很难找到其品牌标记。在无印良品专卖店里，除了红色的"MUJI"方框，客户几乎看不到任何鲜艳的颜色，大多数产品的主色调都是白色、米色、蓝色或黑色。

在商品开发中，无印良品对设计、原材料、价格都制定了严格的规定。例如服装类要严格遵守无花纹、格纹、条纹等设计原则，颜色上只使用黑白相间、褐色、蓝色等，无论当年的流行色多么受欢迎，也决不超出设计原则去开发商品。

"品牌是根橡皮筋，你多舒展一个品种，它就多一份疲弱"。品牌竞争越来越激烈，出于强化竞争力的需要，这也是品牌不断被夸大"聚焦"的时代，通用电气"不做第一就做第二"的价值观营销早已深入人心。然而，无印良品却是一个另类，其商品种类已由当初的几十种发展到目前的5000多种，从牙刷到汽车等各种产品，并且这个数字还在增加。对于一般人来说，这个数字意味着日常生活所需东西已经涵盖。无印良品能将品牌轻易延伸到了几千种的品牌，实属罕见。

高品质保证也是无印良品延伸成功的主要原因。目前国内一些超市在尝试着推出少量自有品牌的商品，也有超市提出"苏果无赝品，件件都放心"营销口号。面临超市内大量不著名品牌的商品，特别是食物，消费者对其内在品种依然会心存疑虑。而MUJI全部以自有品牌作为品质担保，通过完善的质量控制系统，增强了消费者的信心。

优质的价值观营销能够赋予品牌一定的能量，使其在未来道路上更加稳健。正如苹果崇尚创新科技一般，无印良品将极简主义践行至今，SK2唤醒了万千女性的独立意识……纵观这些屹立不倒的金字招牌，无一不通过价值导向去影响消费者的购物决策。

7. 人品合一，上升设计的战略高度

要想上升设计的战略高度，达到人品合一的效果，首先需要具有美观独特的设计和艺术的内涵。成功导入CIS的企业应首推那些深深植入客户心中的品牌，正是品牌战略的成功运用使那些产品一跃成为国际大品牌。

近几年，成都、杭州、大连、武汉等城市，都在树立自身品牌形象方面进行了尝试。其中成都的东方伊甸园、杭州的休闲之都、大连的浪漫之都、广州的南国商都、武汉的东方芝加哥等已有一定影响。

"艺术能把一切可能的材料都穿上艺术的外衣，呈现给知觉和情感。"如果说品牌是一位未经修饰的女子，希望她展现给客户的是年轻、热情奔放、充满现代气息的都市女孩形象。从现在开始就要对她进行全方位的包装和设计，如同时装设计师按照自己的设想装扮模特，设计者需要做的是提升她的内在素质：知识的熏陶、才艺的训练以及时尚观念的灌输，提高她的服饰和审美品位，休闲、健康的高品质的审美情趣；还要对她的五官进行适当的修饰等，最后把一个美丽动人、风情万种女孩呈现给客户。

纵观国际一些大品牌的设计，会让你眼睛一亮，大胆的用色、赏心悦目的编排、鲜明的标识、严谨的风格，整个品牌设计大气、出位、纯粹，尤其品牌识别设计方面十分到位。这就是从战略高度重视产品设计的结果。当前的消费需求出现新的特点，已经从过去不同消费领域的横向拓展更多地演变成同一消费领域的纵向升级，品牌要适应消费需求的变化。最后要提醒各企

业家注意的是，设计要被提高到品牌战略的高度去看待，而且设计作为战略后，对产品、品牌的推动力是巨大的。

8.品牌变现是战略

品牌变现速度是企业生死线，更是竞争能力。

怎样的品牌才能有效地变现？唐太宗李世民曾给出了答案："取法于上，仅得其中；取法于中，不免为下。"简而言之，"上"要有统揽全局的战略，"下"要有切实可行的战术。品牌变现一定要兼顾品牌曝光和市场战略，甚至还要体现出品牌的社会责任，打造真正的金字招牌。于是，客户眉开眼笑，企业也赚得盆满钵满。

品牌变现从品牌曝光的角度看，企业要的是美誉而不是不温不火；从市场战略的角度，企业要的是变现。当然，品牌变现最重要的就是把企业的优势说给客户听，但怎么说给客户听大有学问。王婆卖瓜式的展现企业的优势，除能带动部分刚需客户变现之外，对品牌形象的打造帮助不大。锁定潜在用户人群，以亲和的姿态、良性的沟通取代苦口婆心的品牌传播，效果更佳。

腾讯视频VIP品牌变现，拥趸甚众，变现的核心诉求其实就是三大核心功能，而能够给客户的最大利益就是形式各异的"买多少送多少"。以腾讯视频VIP的用户基数和品牌实力，相信就功能谈功能就福利说福利也能有很好的变现力，腾讯视频VIP为什么舍近求远？因为腾讯视频VIP的付费主力是"85后""90后"甚至"95后"，在经受了各种消费升级的洗礼之后，对品牌的需求不再"实用至上"，对品牌的认可和忠诚度也更加注重价值认同和情感归属。腾讯视频VIP要的不仅仅是这次营销的转化，更是未来生态的可持续发展。

在品牌变现中，企业很容易陷入"自说自话"的误区。因此，腾讯视频VIP在战术执行上更值得称道，因地制宜搞品牌变现。

比如针对中小城市购买互联网会员服务意愿增幅巨大的市场，腾讯视频VIP没有选择更简洁的无差别对待的做法，而是结合六个主要城市的区域特色，在线下以诙谐、打趣的对话将品牌变现和家长里短的生活相结合，表白最重要的人。让品牌更贴近生活，和客户距离更近；在线上，同样极具地域特征的内容刷爆区域社交媒体，双线齐头并进。

不同圈层客户的转化一直是变现的难点。腾讯视频VIP对于核心商圈，以及当地特色的美食文化、语言文化、老店文化，随处可见线上线下同时进行的"买一送一"活动，表面上看好像没有关联，但表达着"衣食住行娱皆生活"的理念，不同圈层渗透融合的主张。

如果企业想快速提升品牌变现能力，那就建立一套优质的售前指导、售中协助和售后维护的客户体验系统。你要如专家一般教授客户，在需求梳理、品牌接触、产品选择、下单采购、接货安装、使用维护整个过程中，客户可能会遇到的问题、会带来怎样的困扰。而企业能帮他们如何顺利地解决这些问题，达到合作的顺畅和长期良好的合作关系。这就是品牌变现的战略。

9.坚守长期主义，创造长期价值

坚定长期主义等于把时间和信念投入能够长期产生价值的事上，尽力学习最有效率的思维方式和行为标准，遵循第一性原理，永远探求真理。换言之就是获得基业长青，背后深藏的逻辑是"创造长期价值"。

提到长期主义，世界最有名的例子就是巴菲特、贝索斯。

巴菲特最突出的投资策略就是长期持有，尤其是对他相信能够创造可持续价值的公司，比如可口可乐、通用动力公司、伯克希尔工业公司。多长？"永远"。而视其为偶像的贝索斯，早在亚马逊上市前夕，就通过《致股东信》表达了长期主义的决心："一切都将围绕'长远'展开"。

贝索斯相信亚马逊的核心长期价值是以客户为中心，提供更低的价格、更快的配送、更优的体验，因此，继续常年将利润投入仓储物流网络、人工智能技术研发、全球扩张中，即使遭遇华尔街的质疑也坚定不移，连续亏损20年直到2015年才首次盈利。现在的股价是初始的1000倍。

支撑他们走过寒冬的，也是"长期主义"。客户为中心，就是以人为本——尊重人，为人类创造价值。

你会发现企业社会责任已经不再是企业的营销策略，企业坚信长期主义，坚持为社会创造价值，才是其商业可持续发展的最优选择。不难发现这些站在行业尖端的长期主义表率，都在围绕着核心价值，打造价值共生生态。

与企业家们分享三句商业心经：①方法和策略能够战胜市场，但对长期主义的信仰才能够赢得未来！把时间拉长，我们才能在不确定的世界里，得到确定的答案。企业家永远坚守长期主义创造长期价值。②不要让他人偷走你的梦想，这个世界会有很多人试图用打击、侮辱、质疑将你击垮，如果你在意，你将一无所成。企业家永远心怀热辣滚烫的梦想。③升维就是择高而立，站得高，飞得远，坚守不走捷径，勤奋、爱和创新，企业家永远做时代的攀登者。

案例解析：星巴克的赢心之道

自1971年成立以来，靠经营咖啡豆起家的星巴克，已经成为全球最大的咖啡饮品零售商。星巴克的成功，离不开它的"赢心之道"。

用人情味留住顾客。星巴克崛起的秘密在于添加在咖啡豆中的一种特殊配料：人情味儿。星巴克自始至终都贯彻着这一核心价值。这使星巴克一直在努力追求自由、宽松、非正式的环境，让人倍感温馨。成功的公司都用一种前后一致的、明确的、多层面的方式来定义和运用情感关系。越是顶级的公司，越能够超越交易层面，把重点放在发展以信誉为基础、互惠互利、长期联系之上，不论是客户、供货商、联盟伙伴，还是自己的员工。星巴克已成为这种以新型情感关系为核心的组织的典范。

极力寻求消费认同。星巴克的品牌形象在全球范围内得到广泛认同。认同感是一种企业文化，星巴克一直在做能让大家接受的东西，这提升了顾客对星巴克品牌的忠诚度。星巴克的顾客大多是白领和专业人士，星巴克营造的环境氛围，能够精准地激发顾客的情感共鸣，由此获得消费者的认同。

把顾客留住更长时间。自1971年以来，星巴克就以咖啡为纽带，致力于为顾客提供家庭和办公之外的"第三空间"。在加密无线网络盛行的年代，星巴克主动出击，为顾客奉上一道新的"甜点"：免费的高速无线互联网服务。只要客户进入具有无线支持能力的星巴克咖啡店，就能够立即自动检测并连接到网络。

客户在星巴克里上网比在自己家里更容易，甚至在说完"来一杯卡布基诺"前，已经完成了连接。顾客在店里上网，逗留时间自然而然会更长，星巴克卖出的咖啡也更多了。星巴克影响了许多人的生活习惯，甚至有人这样描述自己一天的时间安排：不在办公室，就是在星巴克；不在星巴克，就是在去星巴克的路上。

强大的品牌文化认同。星巴克之所以有如此骄人的成就，在于它建立了牢牢的底层支撑及符号般的品牌文化。其成功表面看来是文化的成功，即卖的不是咖啡，而是生活方式及圈层认同，但从哲学层面深挖，公司无论在员工管理、激励政策还是选址装修、供应链布局等方面都为公司文化输出提供了坚实的支撑。这就是星巴克的赢心之道。

专注为客户
构建品牌变现力

感谢您选择付守永品牌变现事务所，这是一家以我个人名字命名的专注品牌变现战略咨询机构。一个人选择和谁走在一起，因为他本身就是那样的人。选择付守永品牌变现事务所，就是在选择一种哲学、一种价值观和一种方法论。

13年以来，我们一直坚守"帮助客户成功，陪伴客户成长"作为立业之本，

13年以来，我们一直践行"为客户解决问题，创造真实价值"的经营哲学从未动摇。为了持续为客户创造价值，我们勤奋学习，<u>丝毫不敢有一丝丝</u>的懈怠；我们勤奋工作，<u>丝毫不敢有一丝丝</u>的偷懒。

我们最开心、最幸福的时刻是看到客户的改变、客户的成功、客户的成长。

我们与客户之间不再是简单的利益交换，而是事业共同体，更是命运共同体。

心存敬畏，知行合一，刻苦钻研，用工匠精神为客户创造真实价值！

付守永品牌变现事务所是中国独树一帜的品牌路演营销战略咨询专家，中国新一代品牌创建与路演营销领先者，为企业进行发展战略、产品战略、品牌战略、路演战略、资本战略五位一体的品牌变现生态体系架构设计与落地实施，我们提出了"超级路演就是超级品牌"的中国本土最实战的理论与

方法论。

以"超级路演大会就是超级变现"为我们的超级工具，为企业快速制造现金流，快速卖货，快速招商，快速形成品牌影响力与变现力；

以"让企业少走弯路，让老板少花冤枉钱，让经营少犯错误"为我们的纲领，用120%的精力服务现有客户，致力于成为企业的品牌变现战略终身顾问与首选专家级品牌。

付守永品牌变现事务所自创立以来，深深扎根中国，服务快速成长中的企业。走专注品牌变现生态体系探索之路，为客户构建可持续的品牌变现力，帮助有梦想、有使命、有担当的企业，让他们有机会成为有影响力的品牌，并走向世界。

付守永品牌变现事务所以"专注、专心、专业、专家"的四专主义，为不同的企业配适差异化的策略与解决方案，真心、真诚、真实地助力客户实现价值。

我们的初心：助力更多中国产品成为国人骄傲的中国品牌，专注为客户构建品牌变现力！

我们的四个坚持：坚持匠心打磨服务方案、坚持高效高品交付、坚持专业取胜、坚持长期主义。

我们的使命：培养品牌驱动型企业家，实现品牌变现为国争光！我们有实力成为企业在品牌变现领域的超级外脑，通过我们的服务成就更多新匠人、新品牌、新国货。让我们帮助您的企业树品牌，走正道，坚守长期主义创造长期价值，成为受人尊敬的伟大品牌，持续变现，永续经营。